GZC 高校主题出版
2018 GAOXIAO ZHUTI CHUBAN

"一带一路"历史·社会·文化
学习丛书（中级读本）

杨共乐◎主编　马卫东　李雪洁◎副主编

从历史印迹中走来的世界

中国篇

本册主编　蒋重跃　马

北京师范大学出版集团
BEIJING NORMAL UNIVERSITY PUBLISHING GROUP
北京师范大学出版社

图书在版编目（CIP）数据

从历史印迹中走来的世界. 中国篇/杨共乐主编. —北京：北京师范大学出版社，2019.8

（“一带一路”历史·社会·文化学习丛书. 中级读本）

ISBN 978-7-303-24687-8

Ⅰ. ①从… Ⅱ. ①杨… Ⅲ. ①中国历史—青年读物 Ⅳ. ①K109

中国版本图书馆CIP数据核字(2019)第081980号

出版发行：北京师范大学出版社 www.bnupg.com
北京市西城区新街口外大街12-3号
邮政编码：100088
印　　刷：北京盛通印刷股份有限公司
经　　销：全国新华书店
开　　本：787 mm×1092 mm　1/16
印　　张：9.75
字　　数：150千字
版　　次：2019年8月第1版
印　　次：2019年8月第1次印刷
定　　价：39.00元

策划编辑：徐　杰　　　　责任编辑：徐　杰
美术编辑：胡美慧　王　蕊　　装帧设计：胡美慧
责任校对：段立超　陈　民　　责任印制：孙文凯

前言

2013年9月和10月，中国国家主席习近平在出访中亚和东南亚国家期间，先后提出共建“丝绸之路经济带”和“21世纪海上丝绸之路”的合作倡议，简称“一带一路”（The Belt and Road）倡议。“一带一路”倡议秉承共商、共享、共建原则，旨在与世界其他参与国共同打造政治互信、经济互惠、文化包容、民心相通的利益共同体、命运共同体、责任共同体。“一带一路”倡议为新时期世界走向共赢发展提供了中国方案，也必将对人类的进步产生重大影响。

《“一带一路”历史•社会•文化学习丛书（中级读本）》是为满足读者需要而编写的作品，内容包括《从历史印迹中走来的世界（中国篇）》《从历史印迹中走来的世界（外国篇）》《历史长河中的人类社会》。前两部以纵向叙事为主，分别展示中国与外国历史发展的脉络；后一部则以专题形式展开，会通中外古今，阐述社会各个阶段的经济、政治、文化等方面的发展情况与特点。

读本立足中国特色，突出重要问题，融研究成果于叙事之中，用中国人独有的视角审视世界文明，展示人类文明的发展历程与辉煌成就。

读本追求雅俗共赏、深入浅出的行文风格，在保证体例基本一致的情况下，充分发挥作者的学术特长，体现作者的主体思想。读本活泼轻松，生动流畅，重点不漏，经典不缺。我们衷心希望《“一带一路”历史•社会•文化学习丛书（中级读本）》能为读者提供一种崭新的视角，为中国了解世界、世界了解中国贡献我们微薄的力量。

杨共乐

北京师范大学历史学院

北京师范大学史学理论与史学史研究中心

2018年6月15日

目录

中国文明发展纪年　1

第一章　中华文明的曙光　5

一、中华大地上的文明印记　5

二、中华早期国家的演进——夏商西周　9

第二章　大变革时代——春秋战国　13

一、春秋战国的政治、经济和社会变动　13

二、民族交融　18

第三章　大一统时代的开启——秦汉　22

一、秦的统一　22

二、汉代大一统国家的巩固　25

第四章　民族交融与文化创新——三国至唐前期　30

一、政治动荡与民族交融　30

二、盛世新象与成就　33

第五章　从动荡走向繁荣——唐后期至两宋的政治、社会　40

一、从藩镇割据到北宋的建立　40

二、变革中的经济、文化与社会　44

第六章　辽、西夏、金、元的统治与统一多民族国家的发展　50

一、辽、西夏、金的统治　50

二、元朝的建立与国家发展　54
第七章　中国版图的奠定与社会变动——明清　57
一、统一多民族国家版图的奠定　57
二、中国社会的变化与危机　61
第八章　晚清的忧患与抗争　66
一、列强侵华和中国的反侵略斗争　66
二、社会各阶级的救亡图存　71
第九章　开启共和进程的革命　77
一、推翻旧王朝的辛亥革命　77
二、中华民国初年的政治、经济和社会　82
第十章　探索出路的新民主主义革命　87
一、五四运动和中国共产党的诞生　87
二、国民革命和工农武装割据　92
第十一章　抵御外侮的中华民族抗战　98
一、抗日战争的爆发　98
二、全民族奋起抗战　103
第十二章　解放战争之路　108
一、内战风云突起　108

二、风雨下钟山　113

第十三章　开国与创业　118

一、中华人民共和国诞生和人民政权的巩固　118

二、向社会主义过渡　122

第十四章　在探索中艰难前进　127

一、建设成就和曲折发展　127

二、中国人民艰苦奋斗的精神风貌　131

第十五章　历史的转折和建设中国特色社会主义　137

一、思想解放与改革开放　137

二、中国特色社会主义道路　141

后记　146

中国文明发展纪年

距今约 170 万年前，元谋人生活在云南元谋县一带。

距今约 115 万—65 万年，蓝田人生活在陕西蓝田一带。

距今约 71 万—23 万年，北京人生活在周口店龙骨山一带。

距今约 1.8 万年，山顶洞人生活在周口店一代。

距今约 7000—5000 年，仰韶文化分布在黄河中上游地区。

距今约 7000—5000 年，河姆渡文化主要分布在长江下游地区。

距今约 6000—5000 年，红山文化分布在东北地区。

距今约 7000—4000 年，大汶口文化分布在黄河下游地区。

距今约 5300—4500 年，良渚文化分布在长江下游地区。

约公元前 2070 年，启建立夏朝。

约公元前 1600 年，商汤灭夏，建立商朝，定都亳，后迁殷。

公元前 1046 年，周武王灭商，建立周朝，定都镐，史称西周。

公元前 770 年，周平王东迁都洛阳，史称东周。东周分为春秋、战国两个阶段。

公元前 356 年，秦孝公重用商鞅进行变法。

公元前 221 年，秦王嬴政灭六国，建立统一封建国家秦朝，定都咸阳。

公元前 206 年，秦朝灭亡。

公元前 202 年，西汉建立，定都长安。

公元前 138 年，张骞通西域。

公元 8 年，王莽夺取西汉政权改国号新。

公元 25 年，东汉建立。

208 年，赤壁之战，奠定三国鼎立局面。

220 年，魏国建立，东汉灭亡。

221 年，蜀国建立。

222 年，吴国建立。

265 年，西晋建立。

581 年，隋朝建立。

618 年，唐朝建立。

755—763 年，“安史之乱”，唐朝由盛转衰。

907 年，后梁灭唐，五代开始。

947 年，辽建立。

960 年，北宋建立。

1038 年，西夏建立。

1115 年，金建立。

1127 年，金灭北宋，南宋开始。

1271 年，忽必烈定国号为元。

1368 年，明朝建立。

1644 年，李自成建立大顺政权，明亡。清军入关。

1840 年 6 月，鸦片战争爆发。

1842 年 8 月，中英《南京条约》签订。

1851 年，金田起义、太平天国建立。

1856 年 10 月，第二次鸦片战争爆发。

1884 年，中法战争爆发。

1894 年 7 月，中日甲午战争爆发。

1895 年 4 月，中日《马关条约》签订。

1898 年，戊戌变法。

1900 年 6 月，八国联军侵华。

1901 年，《辛丑条约》签订。

1911 年 10 月 10 日，武昌起义爆发。

1912 年 1 月 1 日，中华民国成立。

1912 年 2 月 12 日，清帝退位，清朝灭亡。

1919 年 5 月 4 日，五四运动爆发。

1921 年 7 月，中国共产党成立。

1931 年 9 月 18 日，日本发动九一八事变。

1937 年 7 月 7 日，卢沟桥事变，全国性抗战开始。

1937 年 12 月 13 日，日军占领南京，制造了南京大屠杀。

1945 年 8 月 15 日，日本宣布无条件投降。

1945 年 8—10 月，国共重庆谈判。

1946 年 6 月，全面内战爆发。

1948—1949 年，人民解放军发动辽沈战役、淮海战役、平津战役。

1949 年 4 月 23 日，人民解放军占领南京，国民党政权覆亡。

1949 年 10 月 1 日，中华人民共和国成立。

1950 年 10 月，抗美援朝战争爆发。

1951 年，西藏和平解放。

1953 年，第一个五年计划开始实施。

1954 年，《中华人民共和国宪法》颁布。

1956 年，中共八大召开。

1956 年年底，农业，手工业和资本主义工商业的社会主义改造基本完成。

1966 年 5 月至 1976 年 10 月，“文化大革命”。

1971 年，中华人民共和国恢复在联合国的合法席位。

1978 年 12 月，中国共产党第十一届三中全会召开，中国进入社会主义建设新时期。

1979 年，中美建交。

1982 年，中共十二大提出建设有中国特色的社会主义道路。

2008 年，第 29 届夏季奥林匹克运动会在北京举办。

2010 年，第 41 届世界博览会在上海举办。

2012 年，中共十八大召开。

2013 年，中国提出“一带一路”倡议。

2014 年，亚洲太平洋经济合作组织峰会在北京举行。

2016 年，二十国集团领导人峰会在杭州召开。

2017 年，中共十九大召开。

第一章
中华文明的曙光

导读

中华文明有着悠久的历史。早在原始时代，中华大地上就生活着不同的人群，留下了众多的文化遗存。考古资料与文献表明，“家天下”的夏代、推行内外服的商代、用宗法制与分封制维系统治秩序的西周，具有早期国家的特征。

一、中华大地上的文明印记

远古时代，中华大地上就生活着众多的原始人类。中国境内出土的文化遗存和相关古代文献记载表明，中华文明的起源是多元、多样的。

中国境内的原始人类

在以打制石器为特征的旧石器时代，中华大地上生活着众多的原始人群。

1965 年，考古工作者在云南元谋县上那蚌村发现两颗原始人牙齿化石，包括左、右中门齿各一枚，属于一个青年男性；与牙齿化石一同出土的，还有一些石器，经测定，时间距今约 170 万年。

元谋人牙齿化石

元谋人是我国迄今为止发现的早期人类。

1963—1964 年，在陕西蓝田县的陈家窝和公王岭，考古工作者发现了人类的一个比较完整的头盖骨、三枚牙齿和一个比较完整的下颌骨化石，同时发现一些加工粗糙的石器，距今约 115 万—65 万年。这一人群被命名为蓝田人。

北京房山周口店遗址是 20 世纪轰动世界的大发现。1927 年以来，学者在这里先后发现人类的 6 个较完整的头盖骨化石，以及属于 40 多人的肢体、牙齿等化石，还有 10 万件以上的石器。发现的人类化石表明这些人类身材短粗，吻部前突，前额低平，眉骨粗大，没有下颏，保留了猿的一些特征。遗址中有大量的灰烬，说明他们已会保存并使用天然火。他们过着群居的生活，寿命很短。这些人类生活的时代距今约 71 万—23 万年，被命名为北京人。

北京人头部复原像

这一时期的原始人群，受环境因素的严重制约，人数和活动范围有限，与其他同类群体交往少，相对孤立。

随着生产力的发展，人类逐渐走出原始人群阶段。在北京市周口店龙骨山的山顶洞中，考古工作者发现了体质特征与现代人相差无几的人类化石，出土了磨光的骨角器及钻孔饰物，并且出现了埋葬。这些人类距今约 3 万年，被称为山顶洞人。山顶洞人的遗存表明，当时的社会组织有了很大进步，已经处于氏族公社阶段。

中国旧石器时代遗址主要分布在哪些区域?

新石器文化遗存与文明的曙光

距今大约 1 万年前，人类进入以磨制石器为特征的新石器时代。不同地区的文化遗存表明，人们在生产方式、生活面貌上有着很大的差异。

仰韶文化是对发现于河南省渑池县仰韶村的文化类型的命名，距今约 7000—5000 年。仰韶文化主要分布在黄河中游地区，其中以仰韶文化半坡类型最为著名。仰韶文化的众多遗存表明，半地穴式房屋出现，先民开始定居生活，村落形成相当规模。仰韶文化以农业为主，以畜牧、渔猎和采集为补充，磨制石器和制造彩陶非常普遍，出现了体现一定血缘关系的埋葬制度。

半坡聚落房屋复原图

人面鱼纹彩陶盆

考古工作者把最先发现于内蒙古赤峰市的红山后遗存命名为红山文化，距今约 6000—5000 年。红山文化主要分布在东北地区，其经济形式以农业为主，畜牧、渔猎和采集并存；房屋为半地穴式；彩陶丰富。红山文化的玉器举世瞩目，玉猪龙、玉龟、玉鸟、兽形玉等，反映了当时人们的审美观念和信仰习俗。牛河梁红山文化的女神庙、祭坛等遗址说明，用于祭祀的大型礼制建筑在当时地位重要。

红山文化玉龙

红山文化女神像

大汶口文化是以最先发现于山东省泰安市大汶口的文化遗存命名的文化类型，距今约7000—4000年。大汶口文化主要分布在黄河下游。经济形式以农业为主，能种植粟，畜牧、渔猎、采集并存。大汶口文化晚期出现大量灰陶和黑陶，并有白陶以及精致的蛋壳陶。生产工具中有精细的磨制石器与骨器。大汶口文化中晚期，社会分工出现了新的变化，男子从事农业生产，女子从事纺织等家内劳动。墓葬和随葬品已有大小多少的不同，表明私有制与阶级分化已经出现。

大汶口墓群的随葬品有明显的贫富之别，有些墓葬随葬品十分简陋，有的甚至空无所有。一些富有的大墓，使用原始的木椁，有大量的陶器和石骨器，还有精致的玉器和象牙器。这就是说，随着生产力的发展，财富的观念已经发生，在分配关系上出现了新的情况。氏族成员在劳动产品的占有上出现了贫富差别。

——山东省文物管理处、济南市博物馆：《大汶口——新石器时代墓葬发掘报告》，126页，北京，文物出版社，1974。

大汶口遗址中的这些现象说明了什么？

考古工作者把最先发现于浙江余姚河姆渡的文化类型称作河姆渡文化，距今约7000—5000年。河姆渡文化主要分布在长江下游。河姆渡先民居住在干栏式建筑中，与北方地区的半地穴建筑有很大差别。河姆渡文化的经济形式以农业为主，兼营畜牧、采集和渔猎。

河姆渡遗址出土的稻谷遗存

良渚文化是以最先发现于浙江省杭州市良渚的文化遗存命名的文化类型，距今约5300—4500年。良渚文化主要分布在太湖流域与钱塘江流域，其遗存表明稻作农业相当发达，石犁、石镰等工具已普遍使用；玉器、陶器、竹木器与丝麻制作已达到很高水平，玉器和陶器上出现了不少刻画符号。良渚古城址被誉为人类早期城市文明的范例。

中国古代文献保留了众多远古时代的传说。相传黄帝、炎帝为部落联盟首领，黄帝为轩辕氏，大力发展生产，始制衣冠，建舟车，定算数，制音律，创医学。史官仓颉创制文字。炎帝一说为神农氏，亲尝百草，教民种植，制造陶器炊具。炎帝部落和黄帝部落联合起来，击败了九黎族的蚩尤。之后过了很多年，属于不同部落的尧、舜、禹先后成为部落联盟的首领。相传尧将首领之位让给贤明的舜。舜死后，首领之位让给治水有功的禹，部落首领的这种继承制度史称“禅让”。

天命禹敷土，随山浚川。

——《遂公盨铭文》

禹会诸侯于涂山，执玉帛者万国。

——《左传·哀公七年》

昔禹致群神于会稽之山，防风氏后至，禹杀而戮之。

——《国语·鲁语下》

新石器时代的中国，同时存在着发展水平相近的众多文明，散布在中国广袤的大地上，这种状况被有些学者概括为“满天星斗”模式。怎样看待和理解这一观点？

二、中华早期国家的演进——夏商西周

夏商西周时候，我国进入早期国家时期。夏代开始“家天下”，商代实行内外服的制度，西周推行分封制和宗法制，加强了周王的权威。文献记载与考古资料为我们了解早期国家的特点提供了依据。

“家天下”的夏代

约公元前 2070 年，夏代建立。大禹死后，儿子启继承了王位，开启了“家天下”的时代。

夏王朝以中原地区为中心，众多部落臣服在它的统治下。据说夏朝末年，国王桀荒淫残暴，夏朝被商汤灭亡。

考古学中的二里头文化与文献记载的夏代疆域大致吻合。二里头文化分布广阔，以河南偃师二里头遗址命名，其年代约相当公元前21世纪至公元前17世纪，现已发现二里头文化各类遗址近百处。二里头遗址面积约3平方千米，已发现宫殿、作坊、一般居住、陶窑、窖穴、墓葬等遗址。

“复原”夏代历史还需要做怎样的探索工作。

推行内外服的商朝

约公元前1600年，商汤灭夏，建立商王朝。约公元前14世纪，商王盘庚率领族众迁徙到殷（今河南安阳）。商朝因此又被称为殷朝。

商代任用中央百官对以都城为中心的地区实施直接统治，称为内服；对这个地区以外的广大领域，任用众多的侯、伯实行间接管理，这些侯、伯多是异族，称为外服。

越在外服，侯，甸，男，卫，邦伯；越在内服，百僚庶尹，惟亚惟服，宗工越百姓里居。

——《尚书·酒诰》

殷边侯甸与殷正百辟。

——大盂鼎铭文

大盂鼎

多神信仰是商代维护统治秩序的重要手段之一。商代人信奉的神很多，甲骨文中出现最多的是祖先神。商代晚期形成了严格的“周祭”制度，一年内需要把祖先神祭遍。鬼神崇拜渗透在商代生活的方方面面，文献称“殷人尊神”。

西周的宗法与分封

公元前 1046 年，周武王灭商。文献记载，武王秉承父亲周文王的意志伐纣，“甲子”日在牧野打败商军，商纣自焚。青铜器利簋印证了武王伐纣的事件。西周建立，定都镐京（今陕西西安）。

> 武王征商，唯甲子朝，岁鼎，克昏夙有商，辛未，王在阑师，赐右史利金，用作檀公宝尊彝。（译文大意：武王征伐商国，甲子日早上，岁星正当空，能够在一夜之间占有商土。辛未那天，武王的军队在阑驻扎，赏赐右史利铜，用作祭祀檀公的宝器。）
>
> ——利簋铭文

阅读利簋铭文，你可以得到什么历史信息？

利簋

利簋铭文

武王死后，儿子成王登基，武王弟周公旦辅政，平定了殷人的叛乱。成王长大成人，周公旦还政给他。周公旦制礼作乐，推行分封制，把广大土地和众多人口授予臣下，包括王室、功臣和古代帝王后代。周王让他们作地方诸侯，强化了对各地的统治。

昔武王克商，成王定之，选建明德，以蕃屏周。

——《左传·定公四年》

分封制的实施是以宗法制为基础的。宗法制以父系血缘的亲疏来维系政治等级，财产和权力的继承者必须是嫡夫人所生的长子，称为大宗，其余诸子为小宗。周天子的嫡长子继承天子之位，其余诸子分封到各地为诸侯；诸侯的嫡长子继承国君之位，其余诸子分封为卿大夫；卿大夫嫡长子继承卿大夫之位，其余诸子分封为士。宗法制以嫡长子继承制为核心，一定程度上维护了统治集团内部的稳定。

礼乐是周代国家的一项重要制度。“礼”指周人的行为规范，“乐”指渗透“礼”精神的乐舞。礼乐制度强调各个等级的职分，区别尊卑与亲疏。它既可规范行为，还有教化作用，目的在于维护统治集团内部秩序。

公元前771年，西周为犬戎所灭，周幽王兵败身亡。夏、商、西周是中国的早期国家时期。早期国家带有一定的原始性，血缘纽带尚没有被地缘纽带取代，二者同时存在。这是中国上古历史的一大特色。

第二章
大变革时代——春秋战国

导读

春秋战国时期，铁器的使用逐渐推广，生产力发展，促进了新的生产关系的形成，引起剧烈的社会变动。各国纷纷变法图强，儒、墨、道、法等各家学说竞相展示，思想文化出现繁荣景象。社会变动促进了民族交融。

一、 春秋战国的政治、经济和社会变动

春秋时期，周天子权力衰微，礼乐制度崩坏，诸侯国之间及各国内部斗争激烈。战国时期，生产力发展，兼并战争不断，各国纷纷变法，谋求富国强兵。随着社会的剧烈变动，学术下移，士阶层兴起，思想活跃，形成了“百家争鸣”的局面。

政治和经济剧变

公元前770年，周平王东迁洛邑（今河南洛阳），史称东周。东周分为春秋战国两个阶段。春秋时期，周王室力量削弱，诸侯势力膨胀，有的甚至与天子兵戎相见，一些实力强大的诸侯先后称霸。诸侯国内部权力下移，以臣弑君的事件也屡见不鲜。

春秋时期，王室衰弱，一些实力较为强大的诸侯趁机割据一方，并以武力控制周边的中小诸侯，形成了自己的霸业。公元前685年，齐桓公即位，任用管仲为相，

修明内政，发展军事，使齐国迅速强大。之后，又提出“尊王攘夷”的口号，先后九次会盟各地诸侯，讨伐周边的“蛮”“夷”“戎”“狄”，受到了周天子的册封和赏赐，成为春秋时期第一位霸主。继齐桓公之后，宋襄公、晋文公、秦穆公、楚庄王先后称霸，史称“春秋五霸”①。

公元前475年，中国进入战国时期。这一时期，诸侯纷纷称王，兼并战争愈演愈烈。

这一时期，铁器广泛使用，社会生产力快速提升。农业、手工业生产迅速发展，商业繁荣，出现了许多人口众多的大城市，像齐国的都城临淄，就有常住人口35万，是当时的大都市。

在铁器出现之前，金属器具主要是青铜器，青铜是由铜、锡、铅合金做成，因为这些金属数量有限，因此只在贵族中使用，而农业生产的工具则以耒、耜等木质工具为主。公元前513年，晋国的大夫赵鞅、荀寅开始向百姓征收“一鼓铁”（相当于240千克）的赋税，用来铸造记录刑法的铁鼎。这说明铁器在当时的社会已得到了推广。随着产量的不断增加，铁器因而能在农业生产中得到广泛应用，推动了生产力的发展。

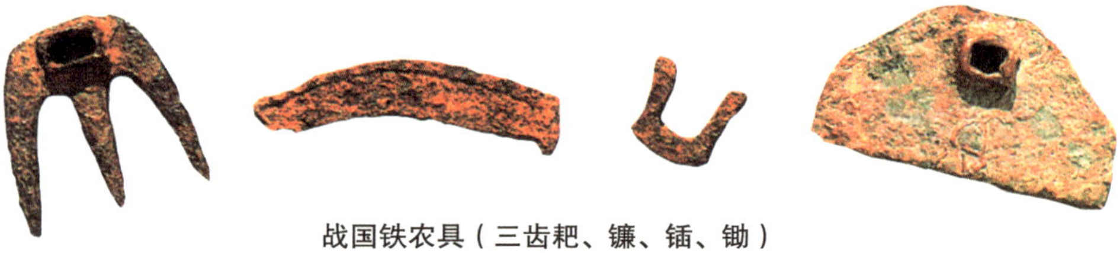
战国铁农具（三齿耙、镰、锸、锄）

铁器的广泛使用与商业的发展之间有怎样的联系？

战国时期，社会变动加剧。在生产领域，由于工具的进步，大片荒地开垦出来，许多土地不再国有，成为可以买卖的商品，新的封建生产关系由此逐渐形成。在国家和社会治理方面，随着领土的扩张和居民身份的自由，郡县制逐渐取代分封制，国家管理也比从前复杂，行政职位的世袭制和任人唯亲的用人原则已经无法适应形势发展的需要。

①对于“春秋五霸”，史学界还有一种说法是：齐桓公、楚庄王、晋文公、吴王阖闾、越王勾践。

推动社会转型的变法运动

为了在兼并战争中取得胜利，各国统治者都在寻求富国强兵之道。他们纷纷变法，推行郡县制，奖励耕战，加强中央集权。最著名的有魏国李悝、韩国申不害、楚国吴起和秦国商鞅的变法。

魏文侯任用李悝为相，实行变法。农业方面，“尽地力之教”，要求百姓“治田勤谨”，提高产量，同时实行“平籴法”，平抑粮食价格，保护农民的利益。军事方面，实行“武卒制”，凡身负武器装备和军粮，一日行军百里，即免除徭役，给予奖励，提高了军队的战斗力。李悝还制定《法经》，保证变法的顺利推行。经过李悝变法，魏国一跃成为战国初年最强大的国家，先后打败韩、赵、秦等国的军队，开疆拓土。

公元前 356 年，秦孝公任命商鞅为左庶长，实行变法。这次变法的主要内容有颁布法律，统一度量衡；赏赐军功，军功爵分为 20 级；编制户籍，设计伍连坐法；奖励耕织等。公元前 350 年，商鞅再次变法，废井田，开阡陌，设立县制。商鞅变法加强了中央集权，发展了经济，提高了军队战斗力，为统一六国奠定了坚实的基础。各国的变法中，秦国的商鞅变法最为彻底，成效最大。

有军功者，各以率受上爵。为私斗者，各以轻重被刑大小。戮力本业，耕织致粟帛多者复其身。事末利及怠而贫者，举以为收孥（官奴婢）。宗室非有军功论，不得为属籍。明尊卑爵秩等级，各以差次名田宅、臣妾。有功者显荣，无功者虽富无所芬华。

——《史记·商君列传》

李悝、商鞅变法有什么共同点，为什么能够富国强兵？

老子、孔子学说与“百家争鸣”

春秋后期，周王室更加衰落，无力维持“学在官府”的体制，私人讲学兴起。进入战国，各国统治者为了富国强兵，纷纷招揽人才。

齐国还在都城临淄创设了专门的学术机构“稷下学宫”。一些大贵族还以养士竞争高下，最著名的有齐国的孟尝君、赵国的平原君、魏国的信陵君和楚国的春申君，史称“战国四君子”，每人养士多达数千人。

针对社会发展中的问题，以士人为主体的思想家们从各自所在阶层的立场出发，提出不同的解决方案，由此形成众多学派，著名的有道家、儒家、墨家、法家等。

老子石像

老子名老聃，又名李耳，是道家的代表人物。他针对春秋时期的社会矛盾，提出了“道”的概念。“道”是自然而然的，既是宇宙和万物的来源，又是支配着宇宙运转和万物变化的力量。宇宙万物不论如何，都是“道”的表现。因此，老子反对干涉自然状态，在政治上，提倡“无为”“绝圣弃智”“少私寡欲”，向往“小国寡民”，希望社会回归到“邻国相望，鸡犬之声相闻，民至老死不相往来”的时代。

和老子一样，战国时期的庄子也认为“道”是天地万物的根本和运行法则。万物在“道”的支配下，无差别，无贵贱，无生死，人也要照此生活。后人将他与老子并称“老庄”。

孔子名丘，字仲尼，是儒家的代表人物。孔子目睹了统治者的横征暴敛和社会秩序的破坏，提出“仁”和“礼”的思想主张。“仁”就要“爱人”。“仁”的基本含义是人人，即人相互把对方当作人来爱。“仁”的第一步是“孝”。儒家认为，子女与父母之间是第一个人人相爱的关系。人有了对父母的孝，就不难把爱逐层推广出去，爱兄弟、爱朋友、爱邻里、爱乡党，直到爱天下人。“仁”要通

孔子画像

过“礼”来表现和规范，“礼”就像阶梯一样，使“仁”可以由内向外逐层地表达出来。

战国中期的孟子，发挥了孔子的“仁”的思想，形成了性善论和仁政学说，还提出了“民贵君轻”的主张，后世并称“孔孟”。

战国后期的荀子，发挥了孔子的“礼”的思想，形成了性恶论和礼治学说，还提出了“立君为民”的主张。

墨子，名翟，是墨家的代表人物。他提倡“兼爱”“非攻”。“兼爱”是没有差别的爱，在他看来，孔子的仁爱是有差别的爱。他反对一切战争。他还主张“节葬”“节用”，反对厚葬，倡导节约。他提出“尚贤”“尚同”，主张根据能力任用官员，服从上级，直至服从上天。墨家迷信鬼神，提出“明鬼”的思想。墨家思想反映了脱离传统宗法社会的某些自由职业者的理想诉求。

韩非是法家的代表人物。他提出“世异则事异，事异则备变”的历史发展观，认为世道变了，事务也要变；事务变了，治道也要变。他在前人的基础上，提出君主要以“法”“术”“势”的手段来加强统治。

使有什佰之器而不用；使民重死而不远徙。虽有舟舆，无所乘之；虽有甲兵，无所陈之。使民复结绳而用之。甘其食，美其服，安其居，乐其俗。邻国相望，鸡犬之声相闻，民至老死，不相往来。

——《老子·八十章》

子曰：“道千乘之国，敬事而信，节用而爱人，使民以时。”

——《论语·学而》

天必欲人之相爱相利，而不欲人之相恶相贼也。以其兼而爱之，兼而利之也。

——《墨子·法仪》

人主之大物，非法即术也。法者编著之图籍，设之于官府，而布之于百姓也。君持柄以处势，故令行禁止。柄者，杀生之治也；势者，胜众之资也。术者，因任而授官，循名而责实，操杀生之柄，课群臣之能者也。

——《韩非子》

春秋战国时期，争霸、兼并战争不断，各国纷纷变法，“百家争鸣”形成，这反映出了怎样的时代特征？

二、民族交融

春秋战国时期，持续的社会动荡和民族交往，打破了各族之间的隔绝状态，出现了中国历史上第一次大规模民族迁徙，促进了民族交融，加快了文化交流和认同。中原民族文化渐趋成熟，成为主导文化，“夷夏之辨”与“天下一家”的观念开始形成。

春秋战国的民族迁徙

春秋初年，受周天子分封的各诸侯国自称为“夏”，或统称为“诸夏”“华夏”。在“华夏”诸侯国之间又分布着许多其他民族，这些民族在文化上要落后于“诸夏”，在先秦文献中被称为“蛮”“夷”“戎”“狄”。如秦国周边居住着“戎”，卫国、鲁国周边居住着“狄”，而楚国则长期被当作“蛮夷”。另外，在淮河流域分布着“淮夷”，大别山地区分布着“群舒”，浙江、福建一带生活着“百越”，都是较大的族群。春秋以前，这些民族与中原民族之间处于相对隔绝状态。

东方曰夷，被发文身，有不火食者矣。南方曰蛮，雕题交趾，有不火食者矣。西方曰戎，被发衣皮，有不粒食者矣。北方曰狄，衣羽毛穴居，有不粒食者矣。

——《礼记·王制》

春秋战国时期，随着持续的战争和各诸侯国的开疆拓土，民族之间的交往逐渐增多，也出现了大规模的民族迁徙。诸侯国与“蛮夷”“戎狄”政权之间长期进行战争，互有胜负，战争中失败的一方往往被迫离开原来的居住地。公元前638年，秦国、晋国灭掉了陆浑之戎，将他们的部落迁到伊川（今河南伊川县）。公元前629年，狄人围攻卫国，迫使卫国迁都到帝丘（今河南濮阳县）。民族之间的战争推动了民族的大迁徙。

公元前559年，诸侯会盟，晋国的大臣范宣子认为戎人的部落首领驹支将晋国的机密泄露给诸侯，因此在朝堂之上训斥他：“过来！驹支！以前秦国人将你们赶出家园，是我们先君收留了你们。而你却泄露机密，使诸侯与我不亲，这都是你的罪责，明天的会盟你不要参加，否则将你囚禁起来！”驹支说：“以前秦国人贪图土地，将我们戎族的部落全部驱逐。晋惠公施舍恩德，将南边的土地赐给我们。我们披荆斩棘，驱除豺狼虎豹，勉强居住，成为晋国忠实的臣民，从无二心。各种徭役、兵役，都服从征调。现在诸侯不亲，却要责怪我。我们戎族与你们华夏族，衣服饮食不同，没有交往，语言也不通，能在你们之间做些什么呢？”

春秋战国时期，导致民族之间差异和影响民族迁徙的主要因素有哪些？

春秋战国的民族交融

春秋战国时期，中原民族和其他民族不断的战争和兼并，推动了民族的迁徙，加速了民族的交融。

春秋初年，在周朝的统治区域内有几百国。到了战国末期，经过不断的兼并战争，秦、楚、燕、韩、赵、魏、齐成为七个主要的大国。在战争中，各族之间不断兼并，如中原的晋国吞并了赤狄族的潞氏、甲氏、留吁、驿辰等部落，又兼并了白狄族的肥、彭、鼓和许多戎族；如南方的楚国，本来居于汉江流域，通过战争，吞并了一百多个诸侯国，到春秋末期，势力已达黄河以南。兼并战争导致了局部统一，促进了经济文化交流，加速了民族交融的进程。

春秋初年，在齐国、鲁国和宋国之间，分布着许多狄族的部落，鄋瞒是其中较大的一支。鄋瞒常常联合其他狄族与华夏族交战，公元前 8 世纪中期，败于宋国；公元前 697 年，败于齐国；公元前 616 年，又败于鲁国，力量遭到极大削弱。公元前 594 年，鄋瞒的最后一位首领焚如，在与晋国的战争中被俘，鄋瞒亡国，其部族也散落到各个诸侯国中。

这一时期，各族间不仅有战争和对立，和平交流也从来没有中断过。戎狄的部落首领与中原诸侯相见时会诵《诗经》，而各国之间的朝会，有时候也采用夷人的礼节。各族之间的通婚在贵族和王室之间也非常普遍。周襄王与晋文公都娶狄族部落女子为妻，而作为“蛮夷”的楚国国君也常常娶中原的女子为夫人。

“天下一家”

中原民族与“蛮”“夷”“戎”“狄”的区别，不仅表现在服饰和习俗上，更主要的体现在思想观念和社会制度上。周代的礼乐文化很早就趋于完善。西周时期，周公制礼作乐，社会按照“礼”来建立稳定的秩序，还形成了以德治国的观念。春秋战国时期，儒家提出“仁者爱人”的思想。“仁”“礼”“德”成为华夏族群都要遵从的社会伦理。“蛮”“夷”“戎”“狄”大多没有自己的文字，在文化发展和制度建设上，要落后于中原。

公元前661年，“狄”人讨伐邢国。管仲对齐桓公说：“戎狄部落就像豺狼，没有满足的时候，很快就会讨伐我们。诸夏各国关系亲密，不能抛弃。一国苟且偷安，就好比服毒自杀。”于是齐国出兵救邢国。

公元前587年，鲁成公想投靠楚国，摆脱晋国的控制。季文子说：“不行。晋国虽然无道，但我们不能背叛。《史佚之志》上说：‘非我族类，其心必异。’楚国虽然强大，但它是‘蛮夷’，能保护我们吗？”于是鲁成公放弃了自己的主张。

随着民族交融的加深，华夏文化逐渐成为主导文化，为各族所接受和尊崇。从战国开始，特别是到了汉代，人们不再以单纯的血缘来区分“夷”与“夏”，不分地域、不分群族，对中原文化的认同越来越高。

春秋时期齐国的大臣庆封弑君篡权，后因内乱而流亡到吴国。公元前538年，楚国联合中原各国以及“淮夷”诸部落，共同讨伐吴国，抓住了庆封并处决了他。汉代的何休认为，楚国和“淮夷”虽然是“蛮夷”之国，但他们带头诛灭乱臣贼子，是符合华夏的道义的，因而在这件事上，他们属于“夏”。

公元前530年，晋国讨伐鲜虞，鲜虞是晋国的同姓国。《公羊传》的作者记载了这件事，并且认为晋国的行为是“狄”。因为晋国不团结华夏各国，却和“夷狄”一起攻打自己的同姓国。

周代社会崇尚礼乐文化，重视君臣父子的伦理观念和等级秩序，宗法制和分封制就是集中表现。

在宗法制和分封制基础上，“家”就是“国”，“国”就是“家”，于是就产生了“天下一家”的观念。虽然在春秋战国时代，社会一直处于动荡和分裂之中，但“天下一家”的观念却一直深深植根于华夏文化中。因此，家族伦理与治国之道处于同等重要的地位。“孝”“悌”“友”等伦理观念不仅成为衡量一个人品德的标准，更是治国理政者不可或缺的才干。

或谓孔子曰：“子奚不为政？”子曰：“《书》云：孝乎惟孝，友于兄弟，施于有政。是亦为政，奚其为为政？”

——《论语·为政》

刑于寡妻，至于兄弟，以御于家邦。

——《诗经·大雅·思齐》

华夏观念的形成对后来中国历史发展产生了怎样的重要意义？

第三章
大一统时代的开启——秦汉

导读

秦灭六国，实现了天下的统一。秦始皇采取一系列措施，加强中央集权，促进民族交融。秦朝的高压统治引发了陈胜吴广起义。汉朝统一全国后，削藩拓土，维护了政权的稳定。汉武帝罢黜百家，尊崇儒术，把“大一统”作为王朝统治的理想目标。从西汉中期开始，土地兼并，政治黑暗，导致两汉王朝走向衰亡。

一、 秦的统一

公元前 221 年，秦兼并六国，在全国建立了统一的多民族国家。秦始皇废除分封，推行郡县，统一度量衡和文字，控制和束缚人们的思想，加强了中央集权，促进了民族交融。但是，秦朝统治并不稳固，许多政策失当，最终导致陈胜吴广大起义，秦朝历经二世而亡。

秦灭六国

商鞅变法之后，秦的国力迅速增强，开始向东扩张。其他各国因旧势力阻碍，变法不彻底，在不断的交战和内乱中日趋衰弱。

经历长期战乱，秦王嬴政即位之后，便开始了统一六国的行动：公元前 230 年，秦国灭韩国，虏韩王安；公元前 228 年，秦国灭赵，虏赵王迁；公元前 225 年，秦国灭魏，虏魏王假；公元前 223 年，秦国灭楚，虏楚王负刍；公元前 222 年，秦国灭燕，虏燕王喜；公元前

221年，秦国灭齐，虏齐王建。秦的统一，结束了500多年的分裂局面，中国历史进入一个新的发展时期。

荆轲，卫国人，好读书击剑，辗转游历到燕国。由燕国贤士田光推荐给太子丹，为上卿。受燕太子丹之命前去刺杀秦王嬴政，以期阻止秦国进攻燕国。荆轲带着秦国叛将樊於期的头颅和燕国的地图拜见秦王，假意割地称臣。秦王大喜，让荆轲献图，荆轲打开地图，拿出事先藏在图卷中涂抹了毒药的匕首，拉住秦王的衣袖准备刺杀。秦王大惊，猛地挣扎，撕裂衣袖逃脱。秦国朝堂上下一片混乱。因为没有诏令，卫士不得带刀上殿，所以大臣们只好空手去拉荆轲。秦王惊慌失措，最后在大臣的提醒下拔出长剑，刺伤荆轲。刺杀失败，荆轲壮烈牺牲。

秦国为什么能在短短的十年间灭六国实现统一？

统一多民族国家的建立

公元前221年，秦统一六国，建立了中国历史上第一个中央集权制的统一多民族国家，史称“秦朝”，定都咸阳。同时，秦始皇南击百越，建立了桂林、南海、象郡三个郡；修筑长城，北击匈奴。秦朝的统治疆域大大超过了前朝，东到大海，西至陇西，北到内蒙古和辽东半岛，南到南海。在这块广袤的土地上，生活着华夏族、越族、羌族等多个民族，统一的中央政权促进了各民族之间的交流。

秦始皇画像

为了加强中央集权，秦始皇采取了一系列措施。政治上，建立了以皇帝为中心的中央集权统治。皇帝之下设丞相、太尉、御史大夫三公，丞相管理全国政务，太尉管理军事，御史大夫负责监察百官，为皇帝起草诏令。三公之下又设九卿，分别是郎中令、卫尉、太仆、宗正、廷尉、少府、治粟内史、奉常、典客。九卿各负责处理一项具体政务。废除分封和世袭的世卿世禄制度，实行郡县制，官吏均由皇帝直接任免。将全国分为36郡，长官称“守”；郡下设县，长官称“令”。县下又设乡、里、亭等行政机构，加强统治。

夏代的最高统治者称“后”，商代以后，最高统治者称“王”。秦王嬴政统一六国后，在宫殿大宴群臣，并与群臣商议自己的称号。他对群臣说：“依靠先祖的神灵，我兴兵诛暴乱，六国服罪，天下安定。现在如果不更改名号，就无法显扬我的功业，传给后代。”丞相王绾、御史大夫冯劫、廷尉李斯等进言说：“以前五帝统治的地方纵横千里，外面还有侯服、夷服，但是诸侯有的朝见，有的不朝见，天子不能控制，现在您兴正义之师，讨伐四方，平定天下，在全国设置郡县，法令归于一统，这是亘古不曾有，五帝也比不上的。古代有天皇、有地皇、有泰皇，泰皇最尊贵。建议大王您称为‘泰皇’，发教令称为‘制’，下命令称为‘诏’，天子自称为‘朕’。”秦王说：“去掉‘泰’字，留下‘皇’字，采用上古‘帝’的称号，称为‘皇帝’。”

经济上，秦朝统一货币和度量衡，为经济的发展扫清了障碍。

文化上，秦朝统一文字，以秦国的小篆作为全国统一使用的文字。加强思想控制，焚书坑儒，禁止私学。普通臣民要想得到需要的知识，必须以吏为师，向政府官员学习。

秦朝还废除了六国设置的关隘，修建了多条驿道，加强中央与地方的联系。

公元前213年，在咸阳宫的一次宴会中，仆射周青臣对秦始皇歌功颂德，博士淳于越却指责秦始皇不实行分封，他说：“不师古而能长久者，非所闻也。”丞相李斯认为读书人“不师今而学古，以非当世，惑乱黔首”，建议秦始皇下令焚书。秦始皇采纳李斯建议，下令收缴、焚烧民间诸子百家书籍。次年，秦始皇信任的方士，不能满足他长生不老的需求，私议他刑杀专权，相约逃亡。秦始皇令御史查究，逮捕方士、诸生460多人，在咸阳坑杀。这就是历史上的“焚书”和“坑儒”。

秦始皇在思想统一方面的举措有什么得失？

秦朝的崩溃

秦朝统一后，秦始皇自以为江山永固，要传之二世、三世乃至万世。他不顾国家和百姓的承受力，大兴土木，修筑各种离宫别馆，以示自己的威严。阿房宫是其中最大的一座宫殿，这项工程直到秦朝灭亡尚未完成。秦始皇又在骊山附近为自己修筑陵墓，阿房宫和骊山陵墓，每年就需要征调七十余万民夫。此外，秦始皇又频繁征调人民戍边，修筑长城、灵渠。沉重的徭役、兵役和赋税使百姓苦不堪言，怨声载道。

为了巩固统治，防止人民反抗，秦朝制定了严刑峻法，实行“连坐制”，一人犯法，乡邻、家族都要受到牵连。“人与之为怨，家与之为仇”。秦始皇死后，秦二世继续实行残暴统治。不久，陈胜、吴广起义爆发，起义烈火迅速燃遍全国。公元前 206 年，由刘邦率领的一支起义军攻入咸阳，秦朝灭亡。

公元前209年，秦朝征调贫民九百人戍守渔阳，雇农陈胜也被征调，并担任屯长。与他一起担任屯长的还有吴广。当他们带着队伍到达大泽乡（今北京市密云区）的时候，因为大雨而无法按期戍守，按秦朝法律当斩。于是陈胜、吴广斩杀押送他们的县尉，高呼“王侯将相，宁有种乎”的口号，举行起义。起义队伍迅速壮大，不堪秦朝严刑峻法的人民纷纷加入。六国的旧贵族也加入，使起义军内部成分变得复杂，产生分裂。起义军不久被秦国大将章邯击败，一败再败。在撤退途中，陈胜被他的车夫庄贾杀害。陈胜虽然死了，但是起义的烈火却被点燃。三年后，刘邦率领的一支起义军最终攻入咸阳，推翻了秦王朝的残暴统治。

存在时间短暂的秦王朝对我国后世王朝产生了怎样的影响?

二、 汉代大一统国家的巩固

西汉统一天下之初，采取一系列措施巩固政权。儒学逐渐被尊奉为王朝的统治思想，“大一统”成为王朝统治的最高理想。两汉统治各自保持了相当长的稳定时期。但由于土地兼并、政治黑暗，引发农民起义，导致两汉先后衰亡。

削藩与拓土

汉王朝建立后，外有匈奴威胁，内有诸侯割据。汉高祖刘邦与匈奴和亲，先后平定了诸侯王的叛乱。平定异姓王的叛乱之后，刘邦又分封了同姓子侄为王，以为中央屏藩。但是，这也为后来的内乱埋下了隐患。

汉景帝时期，诸侯王权力越来越大，吴王刘濞不仅拥有煮盐、冶铁、铸币的权力，还有强大的军队，成为一个独立王国。大臣晁错提出“削藩”建议，要削弱各地藩王的权力，引起了分封在各地的刘姓诸王的反对。吴、楚、赵、胶西、济南、淄川、胶东七国联合举兵发动叛乱。汉景帝派窦婴、周亚夫用五个月时间才将叛乱平息。

汉武帝即位后，为了削弱各地藩王的权力，巩固中央集权，采纳了主父偃的建议，实行“推恩令”，诸王可分封子弟为侯。于是王国被分裂为若干小侯国，实力大为削弱，无法与中央朝廷对抗。

公元前 112 年，汉武帝又借口列侯进贡用来祭祀宗庙的酎金成色不好，剥夺了 106 人的爵位，有力打击了诸侯王的势力。

> 古者诸侯不过百里，强弱之形易制。今诸侯或连城数十，地方千里，缓则骄奢易为淫乱，急则阻其强而合从以逆京师。今以法割削之，则逆节萌起，前日晁错是也。今诸侯子弟或十数，而適嗣代立，余虽骨肉，无尺寸之地封，则仁孝之道不宣。愿陛下令诸侯推恩分子弟，以地侯之。彼人人喜得所愿，上以德施，实分其国，不削而稍弱矣。
>
> ——《史记·平津侯主父列传》

汉初，从封王到削藩的过程，反映了当时政治形势怎样的变化？

汉武帝时期，经过 70 多年的休养生息，西汉王朝的经济和军事实力大大增强。自元光六年（前 129）至征和三年（前 90），汉武帝命卫青、霍去病等率大军进攻匈奴，先后取得 12 次重大胜利，保证了北部边疆的安定。同时，汉武帝又积极开疆拓土，公元前 135 年，平定瓯越；公元前 111 年，又平定南越，设置南海、苍梧、郁林、合浦、交趾、九真、日南、珠厓、儋耳九郡。

公元前138年，为了联合西域诸国一起征讨匈奴，汉武帝派遣张骞通使西域。张骞历经千难万险，于13年后回国，他告诉武帝，在西域能够看到天竺商人贩运的蜀锦和邛竹，为打通前往天竺的道路，汉武帝又征讨西南夷，并在当地设立武都、牂柯、越巂、沈黎、文山五郡，后又增设益州郡；次年，平定东越；公元前108年，灭朝鲜国，于其地设置乐浪、临屯、玄菟、真番四郡。

通过汉武帝的开疆拓土，汉朝统治的疆域大大扩展，国力鼎盛。

西汉初期，在今天四川、云南、贵州等地，分立着夜郎、滇、邛都、昆明、都、白马等几百个小国，分属不同种族。这些小国大的不过汉朝的县，小的不过汉朝的邑，其中以滇、夜郎、邛都最大。在汉武帝通西南夷之前，这些小国一直与汉王朝隔绝。当汉朝使者到达滇国时，滇王天真地问道："汉和我哪个更大？"使者到达夜郎国，夜郎王也这么问。后来，人们就以"夜郎自大"来形容一个人不知天高地厚。

尊崇儒术与大一统思想的确立

汉初，实行休养生息政策，相应地，全国上下都推崇道家的"无为"思想。为了加强中央集权，汉武帝开始重用儒生，推崇儒家思想。公元前134年，董仲舒向汉武帝进《举贤良对策》，提出"推明孔氏，罢黜百家"，将儒家思想作为治理国家的最高原则。

董仲舒画像

董仲舒发挥了公羊学的大一统思想。他认为，人类社会也像自然一样要受到天的支配。王者就是受命于天来统治天下的。普天之下，不论上级下级、国内国外，汉族还是其他民族，都要奉最有仁德的人为最高统治者，因为只有这样的人才能上符天心，立为天子，这是大一统思想的核心内容。这个以天下治理为目标的思想，作为官方意识形态达2000多年之久，在历史上产生了深远的影响。

如何认识“罢黜百家，独尊儒术”和大一统的历史地位？

两汉的衰亡

西汉末期，土地兼并日趋严重，大商人、大地主动辄占田百千顷。各级官僚也倚仗权势，掠夺农民土地。汉成帝、哀帝时期，丞相张禹在泾河、渭河沿岸一次买膏腴之田400余顷，哀帝宠臣董贤一次受赏赐千余顷良田。

由于土地兼并和地主阶级的残酷剥削，小农经济很容易遭到破坏，导致农民破产。失去土地的农民，或卖身为奴婢，或沦为流民，从而引发严重的社会危机。

> 汉之为汉几四十年矣，公私之积犹可哀痛。失时不雨，民且狼顾，岁恶不入，请卖爵、子。
>
> ——（汉）贾谊：《论积贮疏》
>
> 今农夫五口之家……勤苦如此，尚复被水旱之灾，急政暴赋，赋敛不时，朝令而暮改。当具有者半贾而卖，亡者取倍称之息，于是有卖田宅鬻子孙以偿责者矣。而商贾大者积贮倍息，小者坐列贩卖……亡农夫之苦，有仟伯之得……此商人所以兼并农人，农人所以流亡者也。
>
> ——（汉）晁错：《论贵粟疏》
>
> 董仲舒说上曰：“贫民常衣牛马之衣，而食犬彘之食。重以贪暴之吏，刑戮妄加，民愁亡聊，亡逃山林，转为盗贼，赭衣半道，断狱岁以千万数……限民名田，以澹不足，塞兼并之路。盐铁皆归于民。去奴婢，除专杀之威。薄赋敛，省徭役，以宽民力。然后可善治也。”
>
> ——《汉书·食货志》

土地兼并激化了阶级矛盾，农民起义如风起云涌。汉成帝在位期间（公元前33—前7），在今山东、河南、四川等地，爆发了多次声势浩大的农民起义。

公元8年，辅政大臣王莽篡位，意图通过改制来解决汉代的土地问题和奴婢问题，结果矛盾更加激化，最终爆发了绿林、赤眉大起义。

公元 25 年，刘秀称帝，定都洛阳，沿用汉的国号，史称“东汉”。东汉初年，统治者在调整生产关系，缓和社会矛盾上做了一些努力。公元 26 年至公元 38 年，刘秀先后六次颁布释放奴婢的诏令；同时，推行“度田”政策，核实国家户口和田亩数。这些举措，一定程度上抑制了土地兼并的趋势。

十一月丁卯，诏王莽时吏人没入为奴婢不应旧法者，皆免为庶人。

甲寅，诏吏人遭饥乱及为青、徐贼所略为奴婢下妻，欲去留者，恣听之。敢拘制不还，以《卖人法》从事。

春二月己卯，诏曰：“天地之性人为贵。其杀奴婢，不得减罪。”

三月癸酉，诏陇、蜀民被略为奴婢自讼者，及狱官未报，一切免为庶人。

十二月癸卯，诏益、凉二州奴婢，自八年以来自讼在所官，一切免为庶人，卖者无还直。

——《后汉书·光武帝纪》

但是，豪强是维护东汉王朝统治的根本力量，刘秀本人及许多东汉开国功臣都出身豪强。东汉一朝，豪强始终与中央政府对抗，成为一股强大的分裂势力。

东汉中期开始，豪强势力迅速膨胀，外戚、宦官执掌朝政，政治极其黑暗。更有甚者，汉灵帝在西邸开设专门机构卖官鬻爵。当时连年天灾，百姓生活困苦不堪。地方官吏隐瞒灾情，加重盘剥，结果，大批农民破产，沦为流民，纷纷暴动。184 年，黄巾起义爆发，官军和地方豪强武装经十个多月才把起义主力镇压下去。不过，摇摇欲坠的东汉王朝不久便灭亡了。

在中国古代历史的发展过程中，两汉的历史占有怎样的位置?

第四章
民族交融与文化创新——三国至唐前期

导读

魏晋南北朝时期，国家陷入分裂状态，朝代更迭频繁、战争连绵不断，直到隋朝国家才再度统一。唐朝在制度建设、经济开发、思想文化、民族交融、中外交流等方面取得了重大进展，成为当时世界上最为强盛的国家。

一、政治动荡与民族交融

魏晋南北朝时期，政权更迭，战争频发，社会动荡。北方地区，大量少数民族内徙中原，在与汉族的冲突中走向交融。中原人口陆续南迁，推动了南方的持续开发。

魏晋南北朝的政权变迁

东汉末年发生黄巾起义，在镇压起义的过程中形成军阀割据。曹操成为强者，建安十三年（208），他与刘备、孙权战于赤壁，结果大败，天下形成三分之势。220 年，曹操的儿子曹丕废汉献帝，自称皇帝，国号为魏。此后刘备与孙权亦先后称帝，建立蜀汉与东吴政权，形成三国鼎立局面。265 年，司马氏从曹魏手中夺得政权，建立西晋政权，并于 280 年灭吴，统一了中国。短暂统一后，西晋很快为南下的北方少数民族所灭，北方地区陷入“五胡十六国”的混乱局面。439 年，拓跋鲜卑建立的北魏统一了黄河流域，后来又分裂为东魏和西魏，并分别被北齐与北周取代。577 年，北齐被北周灭亡。581 年，北周被隋朝灭亡。南方地区在西晋灭亡后则建立了东晋，之后又出现了宋、齐、梁、陈的政权更替，直至 589 年，隋灭陈，中国才又重归统一。

大量史实表明，西晋灭亡以后，北方地区的混乱，与气候和环境的变迁有关。在中国历史上有四个时期，气候变得寒冷而干燥，公元初年到 600 年是我国气候的第二个寒冷期，即从东汉起，气候开始变冷并逐步加剧，到公元 3、4 世纪为最冷，以后逐渐减弱。在这个时期原居于中国东北、西北的少数民族纷纷南迁，这些南下的少数民族主要以匈奴、羯、氐、羌、鲜卑五族为多，旧史中称为“五胡”。

气候环境的变迁和人类活动之间有怎样的关系?

北方的民族交融

汉魏以来，北方民族不断内迁，进入长城后，与汉族杂居，开始了以农耕为主的定居生活。西晋末年，他们纷纷进入中原地区，建立政权，四处争战，不断扩张统治范围，胡汉文化出现了长期的冲突和交融的现象。为了稳固统治，有些胡族统治者主动学习汉文化，建立汉赵政权的匈奴人刘渊就喜读四书五经。为了拉拢汉人知识分子，羯族统治者石勒曾将汉族衣冠人物集为“君子营”，加以保护，并且下令“不得侮易衣冠华族”。建立前秦的氐族贵族苻坚重用汉人名士王猛，史称他治下的前秦“关陇清晏，百姓丰乐”。鲜卑族的北魏孝文帝，则采取一系列措施实行汉化改革。这些措施进一步推动了北方地区的民族交融。

民族的交融，给汉族注入了新鲜的血液，自东汉以来，先后融入汉族的北方少数民族有十多个，人数在 300 万以上，促进了汉族人口的发展壮大。同时，汉族也吸收了少数民族文化的精华，丰富了物质和精神生活，如胡床广泛使用，使汉人改变席地而坐的习惯；胡服、胡饼等也普遍制作，牛羊所产的酪浆成为北方地区受欢迎的食品，胡歌、胡乐、胡舞、胡戏等的流行也使中原文化艺术更加丰富多彩。

拓跋鲜卑原是东胡的一支，游猎于东北大兴安岭地区，汉魏之际迁到山西北部内蒙古南部一带，在那里建立了国号为代的政权，后被前秦吞并。前秦灭亡后，拓跋珪重建代国，改国号为魏，并迁都平城，439年，拓跋焘统一黄河流域，在这个过程中，北魏开始了汉化的进程，开始任用汉人高门大族担任高官，解散“部落”组织，“分土定居”。到孝文帝统治时期，进行了全面的汉化改革，具体措施包括：实行汉人的礼乐制度；建立俸禄制；实行均田制、三长制；迁都洛阳；改汉姓，与汉人通婚；易汉服；三十岁以下的鲜卑人必须讲汉话。

有学者认为，孝文帝改革使鲜卑族丧失草原民族的尚武精神而变得腐化。应该如何全面认识少数民族的主动汉化？

南方的开发

西汉时期，江南地区高温湿热，地广人稀，农业生产技术落后，经济发展水平很低。东汉末年起，北方接连发生战乱，大量人口迁至江南地区，带来了先进的生产技术与生产经验，南方地区逐步得到开发。大量的少数民族人口也从山区进入平原，增加了社会劳动力。同时，南方地区社会相对安定，战争破坏较少，历代统治者都很重视发展农业生产，劝课农桑，获得了较好的生产条件，在南朝宋文帝刘义隆统治时期，甚至出现了“元嘉之治”的繁荣景象。

南方经济进步最快的是农业。西汉时这里还实行“火耕水耨”，耕作粗放，产量很低。到了南朝，牛耕已经推广，水稻栽培技术也得到提高，有些地区出现了一年三熟。粟麦等北方旱地作物也得到推广，北方先进的“区种法”也已传入。南方地区温暖潮湿，地形多变，易生洪涝灾害。因此，各地修筑了许多水利工程，最有名的是修筑于丘陵地区的小型水利工程“陂塘”，在雨水多时蓄水，防止发生洪灾，出现旱情时则有灌溉之利，促进了当地农业生产的发展。随着人口的南迁，山间的平原、低洼的湖田都开垦出来，耕地面积有了较大的扩展。

手工业、商业以及城市经济都有不同程度的发展。三国时期，吴国的造船业也非常发达，能造出上下五层、载士兵3000人的大船，那时候，南朝纺织手工业发展迅速，刘宋时“丝绵布帛之饶，覆衣天下”；制瓷技术进入更加成熟的阶段，南方以青瓷为主，江浙一带的制瓷业迅速发展，浙江省的十几个市县，都发现了六朝瓷窑遗址。商品经济日益繁荣，建康、吴郡、会稽等商业中心崛起。建康城中有四市，“户二十八万”，人口有百万之众，不仅是当时的政治文化中心，而且是南方重要的商贸中心。在城市和乡村之间还出现了一些草市和墟市。

楚越之地，地广人稀，饭稻羹鱼，或火耕而水耨，果隋蠃蛤，不待贾而足，地埶饶食，无饥馑之患，以故呰窳偷生，无积聚而多贫。是故江淮以南，无冻饿之人，亦无千金之家。

——《史记·货殖列传》

江南之为国，盛矣。……地广野丰，民勤本业，一岁或稔，则数郡忘饥。会土带海傍湖，良畴亦数十万顷，膏腴上地，亩直一金，鄠、杜之间，不能比也。荆城跨南楚之富，扬郡有全吴之沃，鱼盐杞梓之利，充仞八方，丝绵布帛之饶，覆衣天下。

——《宋书·孔季恭传》

经济中心南移和南方经济开发对中国古代经济的发展有怎样的意义？

二、盛世新象与成就

隋唐时期实行三省六部制和科举制，这在中国古代史上是重要的创举。唐代实行民族平等与开放的对外政策，与周边民族及国家进行广泛交往，积极吸收域外先进文化，出现了文化的空前繁荣。

朝代更迭与制度创新

581年，北周的外戚杨坚夺得政权，建立隋。589年，隋灭陈，统一中国。由于隋炀帝的暴政，隋朝短命而亡，618年唐朝建立。

隋唐时期，有不少重要制度的创设，促进了中央集权体制的完善。

魏晋南北朝时期，已经出现了尚书、门下、中书三省。隋朝建立后，为了加强集权，建立了三省六部制。内史省即中书省，为决策机关，门下省为审议机关，尚书省是最高行政机关，三省长官都是宰相。隋文帝把尚书省的下属机构确定为吏、户、礼、兵、刑、工六部，各有具体详细的职责与分工。相权一分为三，加强了皇权。唐朝继续采用隋制，三省六部制得到进一步发展和完善。为了提高行政效率，唐太宗时设“政事堂”，作为三省长官办公议政之所，称“中书门下”。唐太宗感到三省长官权位太重，便指派其他官吏在原有官衔上加“参议朝政”等名号就可进入中书门下办公，成为事实上的宰相。这样既可选拔更多人才进入中枢机构，又可防止宰相权力过大，巩固皇帝的统治。

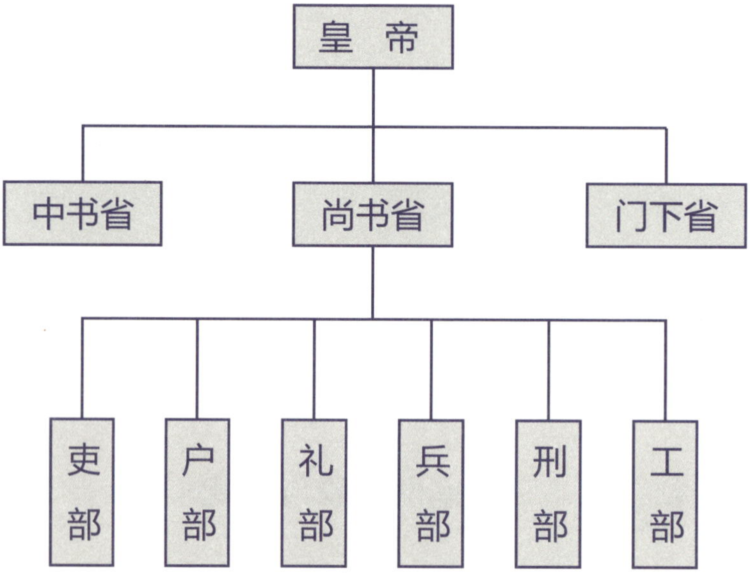

唐代的三省六部

朕意则不然，以天下之广，四海之众，千端万绪，须合变通，皆委百司商量，宰相筹划，于事稳便，方可奏行，岂得以一日万机，独断一人之虑也。

——（唐）吴兢：《贞观政要》卷一，政体第二。

魏晋南北朝时期，实行九品中正制选拔人才，世家大族把持朝政，门第成为选官的重要标准，造成了“上品无寒门，下品无士族”的局面，中央三品以上官员基本皆由世家大族担任。隋朝建立后，为了进一步巩固统治，隋文帝实行“分科选举”的方法选择人才，应举者必须由地方州县或朝廷高级官员荐举，获得举人资格后，才能参加由吏部统一组织的考试，并根据成绩划分等级、授予官职。隋炀帝时始设明经、进士二科。唐代的科举分为常科和制科两类。常科每年举行一次，以明经、进士科为主，明经科主要考试内容为对儒家经典的记忆和理解，进士科考试则以诗赋为主。此外，还有明法、明算、武举等科。制举是不定期举行的特科，由皇帝特旨举行，选拔社会所需的“非常之才”。科举制以考试的方式选择人才，打破了世家大族对于政权的垄断，扩大了统治基础，加强了中央集权。隋唐科举制内容丰富，形式多样，有利于选拔人才。唐代参加科举的举子，多由中央和地方各级学校推荐，促进了文化教育事业的发展，进士科考试以诗赋为主，促进了唐诗的繁荣。

在唐代科举中，应试者通过考试，取得进士及第或明经及第的出身，仅是得到了做官的资格，只有再通过吏部试才能授官。吏部试以“身、言、书、判”作为选择标准，身指“体貌丰伟”，言指“言辞辩正”，书指“楷法遒美”，判指“文理优长”。考试科目分为博学宏词和拔萃。《新唐书·选举制》载：“试文三篇谓之宏词，试判三条谓之拔萃，中者即授官。”柳宗元曾以博学宏词授集贤殿正字，白居易以拔萃授秘书省校书郎，而韩愈进士及第后，三次未中吏部试，不能由吏部授官，只能到宣武军节度使董晋帐下做巡官，后来才得到吏部的任官。

——参见乌廷玉：《隋唐史话》，90～91页，北京，北京出版社，1984。

唐代为什么会在政治领域有对后世影响深远的诸多建树？

中外交流的新局面

隋朝开通的大运河进一步加强了国内各地区的经济和文化联系。唐朝在西域还设置安西都护府和北庭都护府，以加强管理、保证过往商旅的安全，除了陆上丝绸之路外，海上对外贸易也获得长足进步。

唐朝对内实行民族团结、民族平等的政策，唐太宗说：“自古皆贵中华，贱夷狄，朕独爱之如一。”处于盛唐时期的唐玄宗更提出“开怀纳戎，张袖延狄”，于是出现了“万国来朝”的盛况。中国周边的日本、新罗、印度、斯里兰卡、柬埔寨等国都与中国有着密切的往来。唐政府还为在华留学的外国人提供各种便利条件，允许他们参加科举考试及在中国为官。新罗、日本等国派遣到中国的留学生仅在太学读书的就有3000人，日本人阿倍仲麻吕在唐朝居住54年，中了进士，并在朝为官。

唐文化对周边国家产生了很大的影响。日本模仿唐朝的政治制度进行了大化改新，促进了日本的经济发展和社会进步；大力推广中国的儒学，作为治国的指导原则；在服饰、饮食等方面也学习中国，中国的饮茶之风传入日本，形成茶道。

新罗也在政治制度上全面仿效唐朝，新设和充实了从中央到地方的行政机构；后来又仿照唐朝培养专门人才的制度，设置了算学博士和医学博士，教授算学和医学，推动了新罗社会的进步。

对于外国文化，唐朝采取兼收并蓄的态度，僧人玄奘和义净，西去印度取得佛经，回到长安组织了译经活动，使佛教在中国发扬光大。

唐朝的音乐、绘画、建筑也因吸收了异域的因素而获得了新的发展。唐朝的生活习俗也受到外来因素的影响，吃胡食、着胡服成为时尚；唐太宗时还从印度学习了甘蔗浆熬制糖的技术，经过改进，可以制成白糖，后来，这个方法又传入印度。

玄奘

有学者这样写道："长安不仅是一个传教的地方，并且是一个有国际性格的都会，内中叙利亚人、阿拉伯人、波斯人、鞑靼人、西藏人、朝鲜人、日本人、安南人和其他种族与信仰不同的人都能在此和衷共处。"

——［美］黄仁宇：《赫逊河畔谈中国历史》，94 页，北京，生活·读书·新知三联书店，1992。

唐代，中外交流出现前所未有的发展，说明了什么？

文化领域的新成就

由于长期的社会安定，经济繁荣，再加上兼收并蓄外来优秀文化成果，唐朝前期成为中国古代文化辉煌灿烂的时期。

唐代佛教兴盛。西汉末年，佛教传入中国，在魏晋南北朝时期逐步中国化，隋唐时，宗派大行，其中的禅宗深受道家和儒家影响，到唐朝后期几乎取代了其他宗派，这是佛教进一步中国化的体现。

唐代文学繁荣，是中国古典诗歌的黄金时代。盛唐时期（713—762）是唐诗的极盛时代，伟大诗人李白、杜甫就生活在这个时期。李白的诗大气磅礴，风格俊逸，想象奇伟，手法夸张，他被后人称作"诗仙"，是伟大的浪漫主义诗人。杜甫是伟大的现实主义诗人，他的诗沉郁雄浑，感情真挚，描绘当时的社会现实，被称为"诗圣"。开元、天宝后，韩愈、柳宗元等人发起古文运动，主张文章必须言之有物，强调"文者以明道"，对散文的发展做出很大贡献。唐代的传奇小说也有很大发展，《会真记》《柳毅传》是其中的杰出代表。

唐代的雕塑、绘画、书法等艺术都获得了很大的发展。雕塑以石窟艺术最为著名，最有代表性的如敦煌莫高窟、洛阳龙门石窟、重庆大足石刻等。唐太宗墓前的浮雕昭陵六骏，生动地塑造了六匹战马的形象。唐代的绘画最初以宗教人物画为主，后来，故事人物画逐渐发展起来。阎立本的《步辇图》用简练的笔法勾画出人物的性格。吴道子则追求人物的神似，他画的仙女"窃眸欲语"，栩栩如生。隋唐时

《步辇图》

期的书法吸收前人成就，开创新风。著名的楷书大家有欧阳询、颜真卿和柳公权，草书主要代表人物是张旭和怀素。

唐代的科学技术成就斐然。僧一行主持修订历法，制成《大衍历》，并在世界上第一次实测了子午线的长度。生活在隋唐时期的医药学家孙思邈，撰成《千金方》三十卷，被后人称为药王。高宗时苏敬修成《唐本草》五十三卷，是世界上第一个由国家编定颁布的药典。雕版印刷术在隋唐之际已经出现，现存最早的印刷品是咸通九年（868）刻印的《金刚经》，唐朝后期，雕版印刷术逐渐普及，后来印刷术传往世界各国，促进了世界文化的发展。隋代工匠李春设计制造的赵州安济桥是世界上现存最古老的单孔石拱桥。

唐代非常重视科技教育，在政府的官学如国子监、太医署、司天台、太仆寺、京都学、都督府学以及州学中均有相应的学校，并对学校的等级、教师的设置和待遇、学生人数、招生对象、学习内容、学校管理、考试任免方法等，均做了具体的规定。在科举考试中也设有明算科，选拔数学人才。民间也有些家族以技艺传家，注重科技教育，李淳风，祖孙四代都长于天文、历法，著名画家建筑师阎立德父子兄弟三人都以建筑闻名，唐初的甄权、甄立言兄弟双双成为当世的名医。还有一些“隐士”开展授徒讲学活动，推动了科技的发展。

——程方平：《谈谈唐代的科技教育制度与教材教法》，载《广西民族学院学报（哲学科学社会版）》，1983（4）。

唐代社会上若干独特风气的形成，实直接承自南北朝。从好的方面看，自魏晋以降，思想界脱离儒家的束缚而得到解放，同时又注入胡族的勇敢进取的精神。佛老思想与胡人习俗，经数百年的揉塑混合，乃能下开隋唐的盛世，文治武功，均极辉煌。从坏的方面看，儒学究不失为维持社会政治秩序的较好办法，儒学既衰，以佛老胡俗形成的政治秩序，始终动荡不安。隋帝国维持不久即告乱亡，固不待言；而唐帝国的盛世，远不如两汉的长久，也正由于这种文化的缺陷。

——傅乐成主编：《中国通史·隋唐五代史》，255页，北京，九州出版社，2009。

对隋唐历史，历代的史家、学者都有评论，观点各异，在深入了解这段历史的基础上，可否形成自己的认识？

第五章
从动荡走向繁荣——唐后期至两宋的政治、社会

导读

唐后期到五代十国，割据混战，政权分立。北宋建立后，加强了中央集权。两税法和王安石变法，一定程度上体现了当时社会发展的要求。两宋时期，经济重心南移，商品经济发展，文化繁荣，城市生活丰富多彩。

一、从藩镇割据到北宋的建立

唐后期，藩镇割据严重削弱唐王朝的统治。五代十国时期，藩镇割据的影响仍然存在。北宋建立后，吸取唐末和五代十国的教训，采取一系列措施强化中央集权。

藩镇割据

藩镇又称方镇，是唐朝中后期设立的军镇。唐玄宗时期，为防止边患，扩充军镇，设节度使。节度使掌管辖区内的军权、财权和监察权。在平定安史之乱的过程中，为求得苟安，唐王朝任命安史降将为节度使，还给内地掌握兵权的刺史加封节度使称号，结果，安史之乱平息，但天下尽裂为方镇。

《新唐书·方镇表》中共列藩镇42个，实际远不止此数。藩镇中势力最大，为患最烈的是成德、魏博、卢龙三镇，时称“河朔三镇”。

节度使拥兵自立，表面上尊奉朝廷，但法令和官爵都自成体系，赋税不供中央，形成地方割据，常与朝廷对抗。节度使的职位父死子继，或由部下拥立，唐中央只能事后追认，不能更改。

——朱绍侯、何忠礼：《中国古代史（第5版）》，459～460页，福州，福建人民出版社，2010。

藩镇和唐朝中央政府、藩镇和藩镇之间都存在矛盾。为了争夺地盘和利益，藩镇之间经常兵戎相见，攻伐不已。当唐朝对地方采取限制措施时，各藩镇又会相互声援，一起对抗朝廷，这使得唐朝后期政局不稳，社会动荡。

多数藩镇在割据地区实行暴虐统治，造成民不聊生。

田承嗣在魏博“重加税率”，按农户人口的多少征发兵役，以“老弱事耕稼，丁壮从征役”，拥有军队10万；淄青镇李正己“为政严酷，所在不敢偶语”。

唐朝曾多次筹划削藩，收效都不大。在与藩镇进行斗争时，只能暂时限制藩镇势力，无法摧毁藩镇割据的基础，全国仍处于割据状态。

藩镇割据破坏了唐中央的统一，削弱了中央集权。连年征伐不断，使得政局动荡不安，生产遭到破坏，人民生活困苦。这使得社会矛盾尖锐，进一步加深了唐朝的社会危机。唐朝直至灭亡，一直处于藩镇割据的局面。

唐后期藩镇割据局面形成的主要原因有哪些？其对唐王朝统治产生了怎样的影响？

五代十国

907年，唐朝节度使朱温从唐昭宣帝手里夺得政权，自立为皇帝，改国号为“梁”，史称“后梁”，由此开启了五代十国时期。

五代是指唐朝灭亡后中原地区依次更替的五个政权：后梁、后唐、后晋、后汉与后周，历时54年。

五代更迭表

国名	创建人	都城	起止时间	灭于何朝何国
后梁	朱　温	开封	907—923	后唐
后唐	李存勗	洛阳	923—936	后晋
后晋	石敬瑭	开封	936—946	契丹
后汉	刘知远	开封	947—950	后周
后周	郭　威	开封	951—960	北宋

当中原地区五代更迭之时，在南方和河东地区，或先后更替或同时并存着十个割据政权（不包括一些小的割据势力），史称“十国”。

五代十国的君主大多是前朝的方镇将领，他们崇尚武力，依靠军事割据形成势力，骄横跋扈，称霸一方。在五代十国割据混战的50多年里，各割据势力为争权夺地长期混战。那些恣意妄为的节度使在管辖区内横征暴敛，给人民群众带来了无尽的灾难。

十国更迭表

序号	国名	创建人	都城	起止时间	灭于何朝何国
1	吴	杨行密	江都	902—937	南唐
2	前蜀	王　建	成都	903—925	后唐
3	吴越	钱　镠	杭州	907—978	北宋
4	楚	马　殷	长沙	907—951	南唐
5	闽	王审知	长乐	909—945	南唐
6	南汉	刘　龑	兴王府	917—971	北宋
7	南平（荆南）	高季兴	荆州	924—963	北宋
8	后蜀	孟知祥	成都	933—965	北宋
9	南唐	李　昪	江宁	937—975	北宋
10	北汉	刘　旻	太原	951—979	北宋

各地军阀为了进行战争，加紧对百姓的剥削，除了大量增加田赋外，苛捐杂税名目繁多。

赵在礼任宋州节度使，人民深受其苦；后来免职离去，宋州人欢喜异常，相互庆贺说：“眼中拔钉，岂不乐哉！”不久朝廷准许赵在礼的请求，留任原职。他便命人统计辖区内的户口，每人缴纳一千文，名之曰“拔钉钱”。

吴国庐州观察使张崇以苛敛出名，当他入朝时，人们相互庆贺说：渠伊（吴语方言，他）一定不回来了！不久张崇返回庐州，向人民征收渠伊钱。后来他再次入朝，人们不敢交谈，就以目相视，彼此捋须庆贺（因为张崇是大胡子），张崇归来竟然又征收捋须钱。到了南唐末年，连鹅生双黄蛋，杨柳结絮，都要征税。

五代十国是中国历史上纷扰割裂的时期，是从唐后期藩镇割据的局面发展而来的，是藩镇割据进一步发展的结果。

五代十国局面的形成和演变，对后来的王朝历史发展产生了怎样的影响？

北宋强化中央集权

960 年，后周禁军统帅赵匡胤在陈桥驿发动兵变，部下把皇帝穿的黄袍披在赵匡胤身上，拥立他为皇帝。赵匡胤遂夺取后周政权，登上帝位，称“宋太祖”，定国号为“宋”，史称“北宋”。

北宋建立后，着手进行统一全国的战争。先后灭掉荆南、后蜀、南汉、南唐等南方割据政权。宋太宗（赵匡胤之弟）亲征北汉，979 年，北汉政权在经过两个多月的围攻后被迫向北宋投降。至此五代十国割据的局面宣告结束。

赵匡胤画像

北宋统治者吸取唐末和五代十国时期的教训，采取了一系列加强中央集权的措施。

宋太祖赵匡胤由兵变而得天下，深知兵权的利害，即位后就针对手中握有重兵的武将采取行动，逐步削弱他们的兵权。一次酒宴上，赵匡胤“劝”石守信等大将交出兵权，说此后他们可以购置田宅，以终天年。将军们在利诱胁迫之下，一个个交出了兵权，历史上称之为“杯酒释兵权”。

北宋正规军称禁军，兵源系从各地招募，由“三衙”统领，将领的名位较低，大权由皇帝掌握。枢密院有调动军队的权力，实际领兵作战的将领却无调兵之权。禁军分为两部分，一部分驻守京师，另一部分在地方戍守，两部分士兵定时轮换，使将不识兵，兵不识将。

北宋初年，中央设“中书门下”作为宰相办公机构，负责行政事务，长官称同中书门下平章事，也就是宰相，但无定员，也不参与政务。实际事务由相当于副宰相的参知政事负责，参知政事也无定员。军政归枢密院，由长官枢密使负责。凡军事之措置，均由枢密使秉承皇帝意旨执行。财政归“三司”（盐铁、户部、度支），最高财政长官为三司使，是为了分割宰相的财权而设。这样，行政、军政、财政权力相互独立，形成制衡，便于皇帝集中掌握。

地方上由中央派文官任知州、知县，各州又设通判牵制知州。这些举措大大加强了皇帝对百官的管理和控制。北宋初年在各地设置转运使，地方财政收入除少部分留作地方经费开支外，其余全部送往京师。

北宋初期加强中央集权的措施，革除了唐末和五代十国以来地方割据的弊端，巩固了政权，有积极意义；但也为北宋后期积贫积弱局面的形成，以及引发深刻的社会危机埋下了隐患。

建隆元年（960）年末，宋太祖平定李筠及李重进叛乱后的一天，召见赵普问道：“为什么从唐末以来，数十年间帝王换了八姓十二君，争战无休无止？我要从此息止天下之兵，建国家长久之计，有什么好的办法吗？”

赵普精通治道，听了太祖的发问，他便说，这个问题的症结，就在于藩镇太重，君弱臣强而已，治理的办法也没有奇巧可施，只要削夺其权，制其钱谷，收其精兵，天下自然就安定了。赵普的话还没说完，宋太祖就连声说：“你不用再说了，我全明白了。”

北宋王朝的历史发展有什么特点？怎样全面评价这段历史？

二、变革中的经济、文化与社会

唐后期两税法的实施及北宋王安石变法的推行，都是为了解除财政危机，缓和社会矛盾，在一定程度上适应了社会发展的要求。唐末至北宋时期，经济重心逐渐南移，社会文化空前繁荣，城市生活丰富多彩。

两税法

唐初，征收赋税实行租庸调制。租庸调以土地、人丁和农户为依据，所谓“有田则有租，有身则有庸，有户则有调”。但随着土地兼并形势的加剧，失去土地逃亡他乡的农民增多，租庸调制的维持已经十分困难。

> 盖口分、世业之田坏而为兼并，租庸调之法坏而为两税。
>
> ——《新唐书·食货志》

安史之乱以后，国家失去有效控制户口及田亩籍账的能力，土地兼并剧烈，加以军费急需，各地军政长官任意采用各种名目实施摊派，无须获得中央批准，于是杂税林立，中央不能检查诸使，诸使不能检查诸州，赋税制度非常混乱，阶级矛盾十分尖锐。

为了整顿赋税制度的混乱局面，保障政府获取足够的税收以应付安史之乱后的形势，唐德宗建中元年（780），在宰相杨炎的建议和推动下，唐王朝对国家税收体制做出重大调整：废止已陷入困境的租庸调制，根据先前地税和户税征收办法，按每户的实有田亩和资产征税，因为每年分夏秋两季征收，故名两税法。

两税法改革取消了租庸制及各项杂税的征收，只保留户税和地税；户税依据每户资产的多寡分为九等征钱，户等高的征钱多，户等低的征钱少。不过，户税在征收时大部分钱要折算成绢帛，征钱仅是很少的一部分。地税按田亩征收谷物，纳税的田亩以大历十四年（779）的垦田数为准。

两税法的推行改变了自战国以来以人丁为主的赋税制度，从原来租税徭役按照丁口征收的做法，转变为以财产的多少为计税依据，即按照纳税人负税能力大小征税。相对说来，两税法税收负担比较公平合理，不仅可拓宽征税的范围，增加财政收入，而且简化了税目和手续，一定程度上可以减轻普通民众的税收负担，调动劳动者的生产积极性。

天下便之，人不土断而地著，赋不加敛而增入，版籍不造而得其虚实，贪吏不诚而奸无所取，自是轻重之权始归于朝廷。

——《旧唐书·杨炎传》

在两税法实施过程中，唐王朝明确规定，除两税外，其他税收一律免除。但之后，唐政府陆续又增添了许多苛捐杂税，再加上钱重物轻等原因，广大人民的负担成倍增加，生活仍然十分困苦。

唐宋时期的赋税变化，对中国古代社会的发展产生了怎样的作用和意义？

王安石变法

北宋中期以后，“三冗”（冗官、冗兵、冗费）现象越来越严重。官僚队伍膨胀，军队数量激增，给辽和西夏的银、绢，再加上统治集团的靡费，国家的财政极端困难。庆历以后，每年都入不敷出；英宗时，财政赤字更达到1570余万缗。从宋太宗后期开始露出端倪的积贫积弱现象，至此已经正式形成并逐渐加深。

熙宁元年（1068），宋神宗命王安石主持变法。新法主要围绕经济、军事和教育等方面展开。

均输法：朝廷在东南六路设发运使，负责采办这些地区的各种物产，运回开封。“徙贵就贱，用近易远”。这有利于减少国家开支，限制富商大贾的投机倒把行为。

青苗法：各地官府于每年的正月和五月，分别贷钱粮给农村主户，按户等高低规定借贷数目。借贷期限为半年，利息二分。此法旨在抑制地方上兼并之家对百姓的高利贷盘剥，为青黄不接的农民暂解燃眉之急。

募役法（又称免役法）：将原来按户轮流服差役，改为由官府雇人承担，不愿服差役的民户则按贫富等级交纳一定数量的货币，称为免役钱，官僚地主也不例外。

置将法：又称将兵法，针对更戍法导致的“兵不知将，将不知兵”的局面，将禁军划为若干辖区，由固定的将领就地加以训练。置将法的实行，提升了军队战斗力，加强了北宋的边防力量。

保甲法：将乡村民户加以编制，十家为一保，有两丁以上民户家抽一丁为保丁，农闲时集中，接受军事训练。

除此之外，王安石还推行了农田水利法、市易法等新政，一定程度上促进了农业和社会经济的发展。

王安石还非常关注人才的选拔。他整顿太学，唯才是用。改革科举制度：废除明经科，进士科考试则以经义和策论为主，还增加法科等。

按最初的设想，王安石的改革措施应该起到积极作用，以扭转积贫积弱的状况；但在推行过程中却遭到朝中大臣的反对，再加上新法本身的弊端及变法官员的矛盾和纠纷，新法推行举步维艰。

元丰八年（1085）宋神宗病逝，哲宗继位，司马光担任宰相，新法中除教育和科举的部分改革内容外，其他全部被废除，参与变法的官员或被贬谪，或遭流放，王安石变法最终失败。

慈圣、宣仁二太后流涕谓帝（神宗）曰："安石乱天下。"帝亦疑之，遂罢为观文殿大学士、知江宁府，自礼部侍郎超九转为吏部尚书。

——《宋史》卷三百二十七

今介甫（王安石）为政……士吏兵农工商僧道无一人得袭故而守常者，纷纷扰扰，莫安其居。

——（宋）司马光：《家传集》

围绕王安石变法，北宋政权内部发生了激烈的斗争，对各派的见解和主张，应该从怎样的角度认识？

经济、文化和社会生活

唐末至五代十国时期，北方战乱频繁，南方相对安定。这一时期，社会经济总体上呈继续发展趋势，最大特点是经济重心继续南移，南方经济的发展已超过北方。

两宋时期，商品经济发展，北宋的开封成为全国的政治经济重心。随着商品经济的逐渐发展，货币形式也有了进步。四川地区出现私人印制和经营的纸币“交子”，这是世界上最早的纸币。南宋时又出现了“会子”，纸币的出现便利了商品的流通。

北宋“交子”纸币

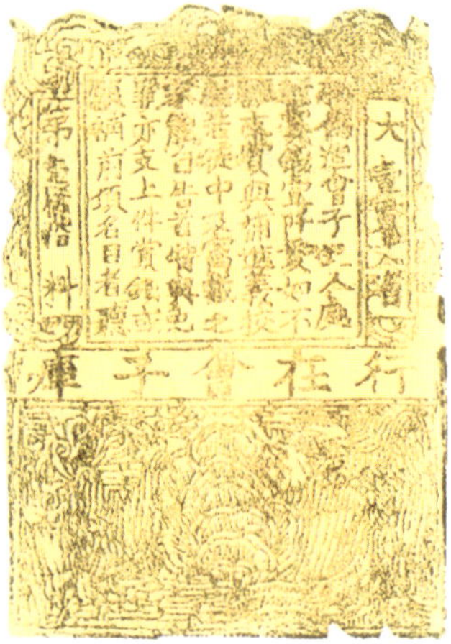

南宋“会子”纸币

宋代是中国文化的繁荣时期，理学、文学、史学、艺术等领域群星璀璨、硕果累累。陆游在《吕居仁集序》中也认为：“宋兴，诸儒相望，有出汉唐之上者。”

宋代文学种类繁多，有词、诗、散文、话本小说、戏曲剧本等，其中词的成就最高。词是诗歌的一种，始于唐朝，兴于五代，而盛于两宋。最初的词是用来配合音乐歌唱的，句子长短不一，也称为长短句。这一时期涌现出柳永、辛弃疾、李清照等一批著名的词人。与前代相比，宋朝的史学也相当发达，最著名的史学著作当属司马光主编的《资治通鉴》，是编年体史书的典范。

昨夜雨疏风骤，浓睡不消残酒。试问卷帘人，却道海棠依旧。知否，知否？应是绿肥红瘦。

——（宋）李清照：《如梦令》

这一时期理学兴盛，理学以儒家学说为中心，兼容佛、道两家的哲学理论，论证了纲常名教的合理性，至南宋被采纳为官方哲学。重

朱熹画像

要的理学家有北宋的周敦颐、程颢、程颐及南宋的朱熹、陆九渊等，朱熹是理学的集大成者。

宋代服饰承袭唐代社会等级的服饰制度，体现了等级性和不同的行业特点。衣料也有较大的变化，由麻布向棉布发展，麻布还是最主要的衣料。宋代食品种类很丰富，总的来说，北方以面食为主，南方主要吃米饭，茶和酒是常用的饮料。

城市居民住瓦房，农民住茅屋，官僚、地主和富商住园林式住宅。家具种类繁多，高脚家具广泛使用。宋人代步的工具分水陆两大类，主要有轿、车、马、骡、驴、牛等，大海船上还配有指南针。

宋代城市出现了瓦舍（也叫瓦子、瓦肆）等娱乐场所，演出的内容主要包括说唱、戏剧、杂技和武术等，以满足市民的文化需求。北宋张择端的《清明上河图》就有描绘汴京面貌和生活状况的片段，是北宋时期城市文化繁荣的写照。

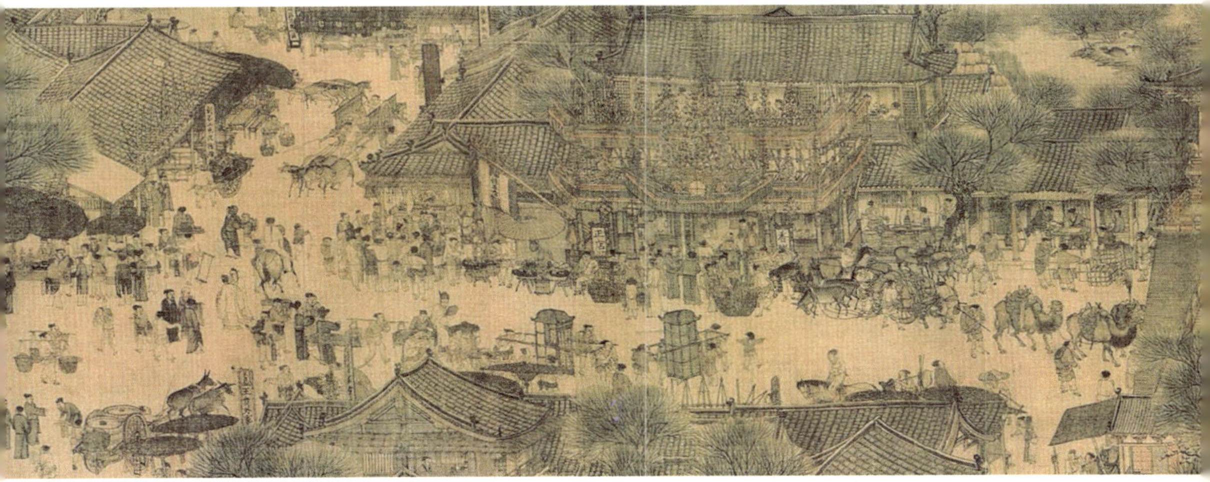
《清明上河图》（局部）

从宋代社会的发展中，我们能感悟到中国古代历史这一时期怎样的变化？

第六章
辽、西夏、金、元的统治与统一多民族国家的发展

导读

两宋时期，契丹、党项和女真族在中国北方和西北先后建立辽、西夏、金政权，与宋形成长期对峙。这三个政权，既受唐宋文化的浸润，又各具独特的文化性格。元朝结束了长达数百年的南北对峙的局面，促进了中国南北方及边疆地区的民族交融、经济发展和文化交流。元的版图辽阔，大体上奠定了中国疆域的规模。

一、辽、西夏、金的统治

唐末五代的分裂和动荡，为北方民族南下中原建立政权提供了契机。契丹、党项和女真族先后建立了辽、西夏和金。这三个政权既努力保存本民族刚健朴实的文化性格，又能广泛借鉴前代中原王朝的统治经验，发展出了各具特色的制度和文化，为北方和西北地区的开发做出了贡献。

辽代的政治和文化

潢河（今西拉木伦河）之南、土河（今老哈河）之北，活跃着以渔猎牧畜为生的契丹族，历史记载可追溯至北魏时期。唐末五代的割据离乱，为契丹部落联盟的崛起提供了契机。契丹贵族耶律阿保机（后

追尊为辽太祖）当选联盟首长，北征诸部，东并渤海，南掠汉地，镇压贵族叛乱，于916年建立了契丹国家。阿保机次子耶律德光攻灭后晋，于947年改国号为“辽”。北宋初期，辽与宋有数次交锋。11世纪初，双方订立“澶渊之盟”，维持了较长时期的和平局面。

辽的统治区域“东自海，西至于流沙，北绝大漠”，由以上京（今内蒙古赤峰市巴林左旗林东镇南）为中心的契丹旧地和西北诸部族居地、东部原渤海国地区和南部幽云十六州三部分组成，采取“因俗而治”的统治方式。辽朝皇帝保持着游牧生活传统，“秋冬违寒，春夏避暑，随水草，就畋渔，岁以为常。四时各有行在之所，谓之捺钵”。捺钵即皇帝行营，四季皆有大致固定的地区，是辽朝皇帝日常活动和处理政务的居所。契丹贵族和朝中官员随营迁徙，会议国事，捺钵也是辽朝政治活动的中心。契丹之俗尚东，皇帝御帐坐西面东，中枢官员分列南北，北面官分管有关游牧民族的政事，南面官分管汉人、渤海人事务，构成“以国制治契丹，以汉制待汉人”的南北面官制度。辽朝皇帝又有斡鲁朵（意为帐幕），管理皇帝私属的军队、民户、奴隶和州县，契丹贵族又有“头下军州”领地，构成较为独立的经济军事单位。

辽朝文化濡染华风，儒、佛并崇。新创制的契丹大、小字与汉文作为官方文字并行。辽圣宗时举行科举，设进士科。不少辽朝君主和契丹贵族颇擅诗画。佛教在辽朝尤其兴盛，刊刻石经，雕印大藏，留下了天津蓟州区独乐寺观音阁、北京天宁寺砖塔、山西应县佛宫寺释迦塔等风格独特佛教建筑。

辽政权的建立及其统治，对古代中国北方地区的发展有着怎样的作用？

西夏统治的建立

宋辽时期，在中国西北地区还存在着一个“立国200余年，抗衡辽、金、宋三国”的党项政权。党项族原是自青海草原迁徙到今甘肃、陕西和宁夏一带的羌族一支，9世纪末在夏州（治今陕西横山）建立了地方割据政权，成为唐末藩镇之一，一度内附北宋。1038年，元昊彻底统一河西地区，称帝建元，国号“大夏”，史称“西夏”，又定都城，立官制，改仪服，制礼乐，同时南攻宋、北抗辽，奠定了西夏统治的基础。

西夏立国之初，疆域东临黄河，西尽玉门关（今甘肃敦煌西），南抵萧关（今甘肃环县北），北控大漠，后又蚕食了部分宋、金州县，囊括了今宁夏全部，甘肃大部，陕西、青海和内蒙古的小部分地区，境内共同生活着党项、汉、吐蕃、回鹘、契丹等多个民族。西夏政权占据河西走廊与黄河河套的险要地势，积极开发当地农牧资源，制度多仿唐宋，培养人才，练兵讲武，又能利用宋辽、宋金的矛盾，“视三国之势强弱以为异同”，故能立国长久。

西夏的宗教、文学、绘画、音乐和工艺，融汇汉族、吐蕃和西域文化，具有独特个性。元昊建国后即仿照汉字创制了形体方整、笔画繁复的西夏文字，用来撰写律令、文学、历史和医学著作，翻译汉籍和佛经，一度广泛通行。西夏统治者崇尚儒学，尊孔读经，建立学校，开科取士，广泛吸收汉族儒士参加政权。统治者也大力提倡佛教，翻译大藏，修建佛寺和石窟，频繁举行佛事活动。佛教在西夏民间也十分流行。

黑水城位于今内蒙古自治区额济纳旗达兰库布镇东南约25千米的荒漠中。西夏曾在此地设立黑水监军司，镇守北疆。元亡后，黑水改道西移，农田草场沦为沙丘，城郭随之废弃。历经数百年的沧桑，辉煌璀璨的西夏文明，逐渐湮没在历史的尘埃之下。

1908年，俄国科兹洛夫考察队用重金买通了当地的蒙古王爷，由向导带往黑水城遗址。在该地发掘出大量书籍、信函、纸张、金属钱币、饰物、器物、日用品与佛教用品。次年，考察队重返黑水城遗址，又发掘出一批珍贵文书和器物。在运回俄国的珍贵文物中，包括著名的西夏文汉文双解字典《番汉合时掌中珠》。这部字典由党项人骨勒茂才编纂完成，书中每一词语皆分列四项，中间两项为西夏文及汉译文，左右分别用汉字和西夏文互注发音，是解读西夏语言文字和研究西夏文明的重要资料。

自20世纪初在黑水城陆续出土的西夏文物，给西夏文明的探索和西夏学的勃兴，带来了怎样的契机？

改革推动下的金朝

10—11世纪居住于黑龙江、松花江流域的女真族，接受辽朝的统治，向辽朝纳贡。辽朝中期，女真完颜部逐渐强大，统一诸部。完颜阿骨打出任女真部落联盟首长后，起兵反辽。1115年，阿骨打建立金国，年号“收国”。勃兴的女真政权于1125年攻灭辽朝，又于次年覆灭北宋，俘虏宋钦宗、徽宗北上，又渡江追击宋高宗入海而还，开启了与南宋政权和、战交错的百年对峙。

建国之初，金朝政权在中央主要依靠勃极烈辅政制度，以宗室贵族议决政事，在地方上则是实行猛安谋克制。猛安谋克是由部落和氏族组织演化形成的军事和地方行政单位。初以300户为一谋克，十谋克为一猛安，后减至25人为一谋克，四谋克为一猛安。女真猛安谋克户无事耕田，有事战斗。金朝奄有中原后，金熙宗营建新都于上京会宁府（今黑龙江阿城南白城子），在中央设立三省六部分管政务，设置行台尚书省统治华北地区，并着手削弱宗室贵族的势力。野心勃勃的海陵王完颜亮进一步加强皇权，诛戮宗室，改设尚书省统一政令，以枢密院专掌戎机，在燕京营建宫室，又大举南侵。金世宗完颜雍在辽阳称帝，结束了海陵王暴政造成的“赋役繁兴，盗贼满野，兵甲并起”的动荡局面。金世宗外能与宋讲和，保境安民，内能修明政治，劝课农桑，培养人才，被后世史家誉为“小尧舜”，金朝统治走向鼎盛时期。

金初未有文字。世祖以来渐立条教。太祖既兴，得辽旧人用之，使介往复，其言已文。太宗继统，乃行选举之法，及伐宋，取汴经籍图，宋士多归之。熙宗款谒先圣，北面如弟子礼。世宗、章宗之世，儒风丕变，庠序日盛，士由科第位至宰辅者接踵。……金用武得国，无以异于辽，而一代制作，能自树立唐、宋之间，有非辽世所及，以文而不以武也。

——《金史·文艺传》

观金之始取天下，虽出于边方，过于后魏、后唐、石晋、辽，然其所以不能长久者，根本不立也。……大抵金国之政，杂辽宋非全用本国法，所以支持百年；然其分别蕃汉人，且不变家政，不得士大夫心，此所以不能长久。

——（金）刘祁：《归潜志·辩亡》

辽、西夏、金政权的统治各有什么特点？他们的历史存在对中国北方的开发和进步起到了怎样的推动作用？

二、元朝的建立与国家发展

13 世纪中叶，蒙古族建立了大一统的中央集权制王朝——元。元以大都为政治中心，在地方分置行省，开拓了汉、唐所未至的边疆地区，发达的水陆交通网络和统一的财政货币制度，促进了南北商贸往来、文化交流和民族交融，海外交通和贸易也进入空前繁荣的时期。

蒙古兴起与元的“大一统”

辽金时期，蒙古高原上逐水草、食肉酪而居的游牧部落，不相统属，互争雄长，饱受复仇与劫掠的战乱之苦。1206 年，成吉思汗统一蒙古诸部，建国于漠北，号“大蒙古国”。成吉思汗以千户为基本军事组织和地方行政单位重新编组蒙古游牧民，组建了大汗直属护卫军（怯薛），颁布了法律，创行了畏兀儿体蒙古文字。成吉思汗及其继承者发动一系列战争，剪灭金和西夏，远征欧亚，建立了幅员空前辽阔的游牧帝国。

随着大蒙古国的不断扩张，成吉思汗子孙之间因汗位继承而引发的矛盾冲突愈演愈烈，从大蒙古国逐渐分离出相对独立的四大汗国：钦察汗国、伊利汗国、察合台汗国和窝阔台汗国。1260 年，成吉思汗之孙忽必烈（元世祖）即汗位，将统治重心南移，任用汉人儒士，借鉴前代中原王朝的典章制度和统治经验，改革蒙古旧制，创建了中央集权制的王朝，国号“大元”。元朝巩固了在华北和中原地区的统治后，大举进攻南宋。1276 年正月，元军兵临临安府郊外，南宋谢太后携幼主恭帝献上传国玉玺和降表。

1279 年，元军在崖山追歼南宋残余的抵抗力量。偏安江南的南宋王朝灭亡，中国境内数百年来割据对峙的局面至此结束，中国历史的大一统重新建立。

13 世纪末中国重建大一统局面的历史条件和原因是什么？

汗八里、行省与边疆管理

忽必烈将金朝旧都燕京（今北京）改建为元朝首都，更名“大都”。大都北连朔漠，南控江淮，西拥太行，东濒渤海。新建的都城依照《周礼·考工记》记载的王都“左祖右社，面朝背市”的原则布局，是忽必烈“仪文制度，遵用汉法”的重要表现，而在突厥语中，大都又称“汗八里”，意为“大汗之居处”，因中世纪意大利旅行家马可·波罗的生动描述而蜚声世界。

元朝采用汉式中央集权官僚制而设立的中央统治机构，就分布在“汗八里”的皇城附近：中书省总理政务，行使宰相职权；枢密院总兵戎；御史台掌纠察百官善恶、政治得失。除大都所在的“腹里”地区（今河北、山西、山东和内蒙古）直辖于中书省外，全国划分为陕西、甘肃、辽阳、河南江北、四川、云南、湖广、江浙、江西、岭北、征东十一个行省。行省“掌国庶务，统郡县，镇边鄙”，其下分设路、府、州、县，边远地区又设宣慰使司。元朝保留了部分蒙古旧制，宗室、勋臣享有世袭特权，在草原和东北的非农耕地区各有领地，称为“爱马”，在汉地又享有封户，称为“投下”。

元朝在边疆地区因地制宜，采行多样化的统治方式：大都护府专一管理畏兀儿族，掌管全国佛教事务的宣政院兼辖吐蕃地区，原大理国的王族段氏继续治理云南，湖广、江西和云南等省内的少数民族地区，则仍由土官、土司世袭统治。元朝在边疆地区广泛推行屯田，开辟范围之广，也是汉唐以来所未有。

与“大一统”的中央和地方行政体系密切呼应的，是发达的全国水陆交通系统。元朝总计设置驿站 1500 余处，交织成以大都为中心的驿道网络，遍及四方边地，又先后开凿济州河、会通河、通惠河，贯通了南至杭州、北达大都的大运河，连接北方政治中心与南方经济枢纽区域。南方的运粮船自长江口放洋，北抵直沽，转运大都，盛时可转输南粮 350 余万石。元朝还发行了官方纸币——交钞，初步统一了全国的货币和赋税制度。

元朝行省制度的建立和对边疆地区的有效管辖对后世中国有怎样的影响?

文化特色、海外交通与民族压迫

元时期内徙中原的各族，族群之繁，人数之众，分布之广，远胜前代。多元民族文化相互影响，交相辉映，成为显著的时代特色。南北混一也促进了规模空前的全国市场的形成，景德镇的瓷器、杭州的丝织品、松江的棉布乃至云南的普洱茶，行销南北，南北贸易更加兴旺。在思想文化领域，南宋的程朱理学也因为南北统一而传播到北方。元朝中期复行科举，考试内容以程朱之学为主，确立了理学在学术和政治上的正统地位。杂剧作家和伶人频频南游，流行于北方都会的杂剧又兴盛于江浙地区。

元朝开创了中西交通空前繁荣的时期。随着大蒙古国的扩张、四大汗国的建立和东西商路的畅通，欧洲和阿拉伯世界的使节、商贾或教士纷至沓来。马可·波罗、聂思托里派教士列班·扫马、意大利教士鄂多立克、摩洛哥旅行家伊本·拔图塔等都留下了珍贵的旅行纪录。中国的火药、纸币和驿站制度等重要发明在这一时期西传，波斯、阿拉伯发达的天文学和医学成就，也被大量介绍到中国。

航海技术的发展，造船工艺的进步，也催生了空前兴旺的海外贸易。元朝在泉州、庆元和广州等口岸设立市舶司，专司海外贸易。元朝中期成书的《大德南海志》记录了海外通商国家和地区 140 余处，时人盛赞“中国之往复商贩于殊庭异域之中者，如东西州焉。”

然而，元朝统治下各民族的政治、法律地位和其他待遇并不平等。作为统治阶级的蒙古人和作为主要统治助手的色目人垄断了多数军、政要职，享有种种政治和法律特权，而居住在原金、宋统治地区的人民却处处受到防备和歧视。元朝每年从江南地区搜刮大量的财政收入和粮食，用以支撑北方贵族和官僚的奢华生活。大一统繁荣的表象之下，潜伏着最终将元朝统治推向全面崩溃深渊的暗流。

元末无名氏写诗讥刺时事：“丞相造假钞，舍人做强盗。贾鲁要开河，搅得天下闹”。

——（明）叶子奇：《草木子·谈薮篇》

元朝自混一以来，大抵皆内北国而外中国，内北人而外南人，以至深闭固拒，曲为防护，自以为得亲疏之道。是以王泽之施少及于南，渗漉之恩悉归于北。故“贫极江南，富称塞北”……

——（明）叶子奇：《草木子·克谨篇》

元朝近百年“大一统”的历史进程，给我们留下了哪些经验和教训？

第七章
中国版图的奠定与社会变动——明清

导读

明清时期，统一多民族国家进一步发展。这一时期，世界格局发生剧烈变化，明清王朝虽然一定程度上受其影响，但并未做出积极回应，结果落后于世界的发展。

一、统一多民族国家版图的奠定

明清王朝通过一系列战争先后统一全国。清朝乾隆年间，基本奠定了中国今天的疆域基础，统一多民族国家进一步发展。明清王朝采取了一系列措施经略边疆，维护这些地区的稳定与发展。

明朝的建立

1368 年正月，朱元璋以应天（今南京）为都城，即位称帝，国号大明，建元洪武。北伐的明军于同年农历八月进入大都，元朝灭亡。洪武年间，明军先后控制西北、西南、辽东等地局势，统一了全国大部分地区。

元朝至正十一年(1351)，黄河中下游爆发红巾军大起义，全国各地风起响应。朱元璋参加红巾军后，实力不断扩张，先后消灭陈友谅、张士诚等南方割据势力，称“吴王”。至正二十七年（1367），朱元璋誓师北伐，次年攻克大都。

——张帆：《中国古代简史（第2版）》，283～284页，北京，北京大学出版社，2015。

朱棣画像

朱元璋在世时，封诸子为亲王，驻扎全国各主要城市，掌握兵权。朱元璋死后，帝位由嫡孙朱允炆继承，年号建文。建文帝登基伊始，着手削藩。建文元年（1399），燕王朱棣在北平起兵反叛，攻下南京后自立为帝，改元永乐，改北平为北京，史称“靖难之役”。明永乐十九年（1421）明朝正式将都城迁往北京。

伏惟北京，圣上龙兴之地。北枕居庸，西峙太行，东连山海，南俯中原，足以控四夷、制天下。土厚水甘，民淳俗朴，诚天府之国，帝王之都。高皇帝分封陛下，若有待矣。

——（明）何乔远：《名山藏》卷八《典谟记》

朱棣迁都北京有怎样的政治考量和意图？

明清易代与两朝疆域

明朝初期，生活在白山黑水间的女真各部由奴儿干都司管辖。明朝后期，建州女真首领努尔哈赤以赫图阿拉为据点，武力统一女真各部。1616年，努尔哈赤建立“金”政权，史称“后金”，并迁都沈阳。1636年，努尔哈赤之子皇太极改国号为“清”，联合蒙古各部，势力不断扩张。

明朝末年政治腐败，天灾不断，陕北地区爆发大规模农民起义。1644年3月，农民军领袖李自成率兵攻陷北京，崇祯皇帝自缢，明朝灭亡。4月，李自成攻山海关，山海关明军守将吴三桂降清，清军兼程入关，占领北京。在南方，一些明朝宗室先后成立多个小朝廷，史称“南明”。经过20多年的战争，到康熙三年（1664），清朝基本消灭了地方农民政权和南明反抗势力。

明清易代过程中，明朝降清将领势力膨胀。康熙十二年（1673），被封为平西王的明朝降将吴三桂在云南起兵反清，广东的尚之信、福建的耿精忠举兵响应，史称“三藩之乱”。康熙帝剿抚兼用，历经八年时间平息叛乱。康熙二十二年（1683），福建水师提督施琅进军台湾，忠于明朝的台湾郑氏集团向清军投降，台湾纳入清朝版图。

明末清初，蒙古分裂为漠南、漠北、漠西三大部。清军入关前，漠南、漠北蒙古已臣属于清政权。17世纪中期，漠西蒙古中的准噶尔部势力渐强，占据天山南北，并试图向漠北、漠南扩张。

康熙二十七年（1688），准噶尔部首领噶尔丹进攻喀尔喀蒙古土谢图汗部，继而进军内蒙古，威逼北京。康熙帝三次亲征，败噶尔丹主力军于昭莫多，噶尔丹在逃亡路上病死。

康熙末年，准噶尔部入侵西藏，康熙帝派兵驱走准噶尔军队，护送达赖喇嘛在布达拉宫坐床。雍正初年，青海和硕特蒙古首领罗卜藏丹津与准噶尔部勾结叛乱，被清军迅速平叛。青海、西藏地区局势趋于稳定。

准噶尔部强盛时，天山以南的回部也在其统治之下。乾隆二十年（1755）清军攻占伊犁，释放了被准部扣押的回部贵族大小和卓兄弟，命其返回南疆，招抚旧部。乾隆二十二年（1757），大小和卓在南疆举兵叛乱，清军迅速平叛，统一了包括巴尔喀什湖在内的整个新疆地区。

西域平定后，清朝疆域北起蒙古唐努乌梁海地区及西伯利亚南部，南至南海，西尽咸海与葱岭地区，东北抵外兴安岭，东南包括台湾、澎湖列岛，版图至于极盛。

明清时期，随着统一战争的进行和版图的不断扩大，边疆地区出现了大规模移民。边疆移民的形式主要有两种，首先是由政府主导的、有组织的移民活动。如明朝初年，西平侯沐英率军攻占云南后，将大量卫所军人及其家属派遣到云南屯驻，对云南地区的人口结构和社会经济发展产生巨大影响。此外还有民间自发的移民活动，如“闯关东”“走西口”“填四川”“下南洋”，都对我国边海疆地区发展产生了极其深远的影响。

相对和平的环境和大规模移民带来的先进技术，使广大边疆地区在明清时期得到很大程度的开发。各民族人民通婚、通商、文化交流频繁。充分的民族交融是这一时期以汉族为主体多民族统一国家最终形成的必要条件。

西南地区许多少数民族人民与当地汉族人通婚，并有机会参加科举考试，史籍中称其“与内地汉人大同小异”。著名历史地理学家谭其骧认为，清朝中后期湖南人才辈出，功业无比，强悍的苗族血统起了很大作用。

明清两朝都采取了哪些措施经略边疆，效果如何？

边疆管辖的稳固

明朝初年，为加强对东北地区的管理，明太祖朱元璋设立辽东都指挥使司，用以控制女真各部。明成祖朱棣在黑龙江口特林地方设置奴儿干都指挥使司（简称奴儿干都司），统辖黑龙江、松花江、乌苏里江流域及库页岛的广大地区。清代，以“龙兴之地”盛京（今沈阳）为陪都，置奉天府。在东北地区分设盛京将军、吉林将军、黑龙江将军三衙门，施行军政和民政二元并行的管理体制。

清朝在中央设置理藩院，作为管理蒙古、回部、青藏等边疆地区的最高机关，制定法律法规处理当地事务。在漠北和新疆地区分设乌里雅苏台将军、伊犁将军为最高军政长官，实行以军府制为主体的管理体制。在西藏地区确定了主要政教领袖达赖、班禅的册封制度，并设驻藏大臣，共同管理西藏事务。

元代以来，西南少数民族地区多由经中央封授的当地部族首领世袭管辖，称为“土司”。土司对内残暴统治属民，对中央叛服不常。明清两朝取消土司制度，改为在少数民族地区设立府县等行政机构，派遣有一定任期的流官进行直接管理，史称“改土归流”。

永乐年间，明朝设贵州布政司、按察司，对贵州地区实行直接行政管辖，改土归流逐步开始。清雍正年间，云南、贵州、广西、四川、湖南等地大规模实行改土归流，中央政府对西南少数民族地区的控制大大加强，有效地改善了当地分裂落后和战争不断的状况。

明代延续元制，由澎湖巡检司管理台湾、澎湖地区。清朝在台湾驻军设府，隶属福建省，由中央派出“巡台御史”加强管理。

清代南海海防由崖州水师营管辖。水师营定期从海南岛沿海巡视到西沙群岛海域，充分行使主权和管辖权。

吴升，字源泽……擢广东副将，调琼州。自琼崖、历铜鼓、经七州洋、四更沙，周遭三千里，躬自巡视，地方宁谧。

——林学增等修，吴锡璜纂：《同安县志》卷三十，7页，1929。

昔秦兴土石之工，修筑长城。我朝施恩于喀尔喀，使之防备朔方，较长城更为完固矣。

——《清圣祖仁皇帝实录》卷一百五十一，康熙三十年（1691）四月壬辰。

明清中央政府对边疆地区的有效管辖有怎样的重要意义？

二、中国社会的变化与危机

明清时期，世界历史发展的格局发生重大变化。新航路开辟后，欧洲主要国家相继进入近代工业文明的轨道。明清王朝虽然在一定程度上受到变革的影响，但在深层次的政治、经济、文化层面，仍然没有脱离中国历史发展的内在惯性，并逐渐落后于世界发展潮流。

明清时期的世界

15—16 世纪，新航路的开辟、美洲的发现、环球航行的成功，使人类对地球的认识产生飞跃。新航路的开辟打破了世界各大洲之间相对孤立的状态，开通了欧洲与美洲之间的经济联系，西欧的封建制度衰落下去，资本主义快速兴起，欧洲殖民者开始了向全世界的扩张和掠夺，人类历史进入新纪元。

郑君之初航海，当哥伦布发见亚美利加以前六十余年，当维哥达嘉马发见印度新航路以前七十余年。顾何以哥氏、维氏之绩，能使全世界划然开一新纪元。而郑君之烈，随郑君之没以俱逝。

——梁启超：《祖国大航海家郑和传》，载《新民丛报》，第3卷，第21号，1904。

明清中国虽然并未直接参与到新航路的开辟当中，但世界格局的重大变化也对中国社会产生了巨大影响。在政治层面，欧洲殖民者的扩张与掠夺开始波及中国的陆疆和海疆。16 世纪中叶以后，葡萄牙殖民者逐步占据澳门。明朝后期，荷兰殖民者盘踞台湾 38 年之久。

社会经济层面，美洲农作物被引种至中国，并迅速传播。玉米、番薯和马铃薯等美洲粮食作物在土地贫瘠的深山苦寒地区均可种植，且产量较高，对满足迅速增长的人口需求起到至关重要的作用。此外，明清时期，中国通过输出丝绸、瓷器、茶叶等产品，在国际贸易中居于出超地位，西班牙殖民者在美洲开采的大量白银通过海上航线输入中国，成为中国的主要流通货币，推动了明清时期商品经济发展与赋役制度改革。

思想文化层面，明末清初，大量欧洲传教士进入中国，在试图将天主教传入中国的同时，也带来了流行于西方的科技学术思想，译著了许多西方书籍，对中国的思想学术有所触动，史称“西学东渐”。

中国传统历法到了明末，误差日益严重。入清后，传教士汤若望掌管钦天监，他说服摄政王多尔衮，从顺治二年（1645）开始，将其用西洋历法编纂的《时宪例》颁行天下。康熙初年，支持旧历的辅政大臣鳌拜将汤若望迫害致死，康熙帝亲政后为其平反。

——闻性真：《康熙与清初历法之争》，见国家清史纂修领导小组办公室、国家清史编纂委员办公室编：《清史镜鉴》，第一辑，331 页，北京，国家图书馆出版社，2008。

15 世纪以后，明清王朝面临怎样的世界变化？

明清社会的变化

世界格局的变化没有冲击到明清王朝的政治体制。明清两朝仍然延续君主政体，且较前代有大幅度加强。洪武十三年（1380）朱元璋废除宰相，以六部分理朝政。皇帝日理万机，不得不挑选一些官员承担辅助咨询工作，并逐渐形成固定机构——内阁。内阁大学士代皇帝对章奏进行“票拟”，由皇帝“批红”后施行。皇帝慵懒怠政时，就有宠信的宦官代为“批红”，左右朝政。明中期以后的宦官专权就是这样形成的。

相比之下，清朝君主更勤于政事，独断色彩也更浓厚。雍正年间，高级官员普遍使用奏折与皇帝直接地、秘密地交流重要政务，内阁地位被边缘化。雍正末年，辅助皇帝批复和寄发奏折的军机处建立，军机大臣承旨行事，处理政务迅速而机密。军机处与奏折制度的结合，使清代君权高度集中。

本朝纪纲整肃，无名臣亦无奸臣。何则？乾纲在上，不致朝廷有名臣奸臣，亦社稷之福耳。

——《清高宗纯皇帝实录》卷一千一百二十九，乾隆四十六年（1781）四月辛酉。

明清时期，中国经济主体仍然是自给自足的小农经济，但也出现一些新变化。明朝成化、弘治以后，江南农业、手工业迅速发展，城镇兴起，大量白银流入也刺激了消费增长。到嘉靖、万历年间，商品经济空前繁荣，并由此引起社会风气变化，奢侈享乐成为时尚。

随着手工业的发展和贸易范围的扩大，明朝中期以后江南地区逐渐发展出一批专业性市镇，如以棉织业为主的松江朱泾镇、以丝织业为主的苏州盛泽镇、湖州南浔镇。

——张帆：《中国古代简史（第2版）》，376页，北京，北京大学出版社，2015。

由于战争原因，清初社会经济遭到较大程度的破坏。政局稳定后，政府鼓励垦荒、轻徭薄赋，经济发展逐渐恢复。随着和平时间的延续、“滋生人丁永不加赋”政策的实施，以及美洲高产粮食作物的大规模种植，清中期出现人口激增现象，鸦片战争前，人口从清初的6000多万增长到4亿以上。

清中期人口激增，人与资源矛盾日益突出。一些有识之士意识到，人口增长过快会对社会稳定造成负面影响，并建议国家应适当调剂人口。其中最有代表性的是著名学者洪亮吉，他被称为“中国的马尔萨斯”。

——张荫麟、李洪岩：《素痴集》，见《洪亮吉及其人口论》，205页，天津，百花文艺出版社，2005。

在世界形势不断变换的时候，明清王朝自身发生着怎样的变化？

王朝面临的危机

处于世界大变革背景下的明清王朝，虽然在一定程度上受到变革的影响，但总的来说，在深层次的政治、经济、文化层面，仍然没有脱离中国历史发展的内在惯性，没有主动加入大变革的浪潮中。相反，为了防备外国势力给中国社会造成的冲击，明清王朝实行了一些自我封闭政策。

明朝中前期，为防备倭寇，沿海地区一直实行“海禁”，不许民间自主进行海上贸易，只保留宁波、泉州、广州三个市舶司管理朝贡贸易。隆庆元年（1567），朝廷宣布解除海禁，允许民间私人远贩东西二洋，史称“隆庆开关”。民间海外贸易的开放，为美洲白银大量流入提供契机。

清朝顺治年间，为封锁台湾郑氏，清政府再次发出禁海令。台湾收复后，重开江、浙、闽、粤四海关作为通商口岸。乾隆二十三年（1758），清廷下令，将英国、荷兰等西洋贸易商船限制在广州一关，不得进入江浙海域。

明清之际，西方传教士在中国发展了大批天主教徒。因为天主教教义与儒家传统有许多相悖之处，罗马教皇要求中国教徒不得祭祖祭孔，否则将被宣布为“异端”，清廷极为不满，禁止天主教在民间传播，这场斗争史称“礼仪之争”。雍正年间，清廷下达了严格的“禁教令”，除了有特殊技艺的宫廷传教士外，大多数传教士被驱逐至澳门或广州，各地教堂被拆毁或改作他用。

对西方的抵触情绪和“天朝上国”的自满，使清王朝与世界脱节。乾隆五十七年（1792），已经完成君主立宪和工业革命的英国派使臣马戛尔尼率团来华，祝贺乾隆皇帝八十大寿。马戛尔尼借机向乾隆皇帝提出允许英国在北京设立使馆，开放宁波、舟山、天津、广州为贸易口岸等要求，被乾隆皇帝以“天朝物产丰盈，无所不有，原不籍外夷货物以通有无”为由断然拒绝。马戛尔尼访华未能达到目的，中国也因此丧失了 18 世纪最后一次与近代工业文明接触的机遇，落后于世界发展潮流。此次访华也是西方对清政府印象改变的转折点，神秘强盛的东方大国在欧洲人眼中就此暗淡下去。

你们培养的基督徒只承认你们，若遇风吹草动，他们可能惟你们之命是从。朕知道目前还没什么可担心，但当成千上万的船只到来时就可能出乱子。

——[法] 杜赫德编：《耶稣会士中国书简集：中国回忆录 2》，388 页，郑州，大象出版社，2001。

面对西方的兴起，明清两朝采取了什么对策？给后世留下了怎样的启示？

第八章
晚清的忧患与抗争

导读

19世纪中叶，西方列强凭借坚船利炮，用战争打开中国的国门。清政府历经鸦片战争、甲午战争、八国联军侵华，被迫签订了诸多不平等条约，中国逐步沦为半殖民地半封建社会。面对列强侵略，中国军民英勇抵抗，彰显了永不屈服的民族气节。面对日益严重的民族危机，社会各阶级以各自方式探索着国家的出路。

一、列强侵华和中国的反侵略斗争

鸦片战争揭开了列强侵华的序幕。此后数十年间，中国又相继经历了甲午战争和八国联军侵华，被迫与列强签订了各种不平等条约，一步步沦为半殖民地半封建社会。面对列强入侵，中国军民前仆后继，进行了英勇的抗争。

鸦片战争和沿海军民的抗英斗争

自新航路开辟以来西方资本主义列强的殖民东扩，逐渐打破了中国雄踞东亚的传统格局。1793年，以马戛尔尼为代表的英国使团来华，试图通过与清朝皇帝直接谈判，达成开放通商口岸以扩大中英贸易的目的，但最终因礼仪觐见问题双方不欢而散。此后数年间，清朝对外国人来华通商多方限制，中国贸易顺差仍不断加大，每年从国外净流入国内的白银达二三百万两。

为了扭转贸易颓势，英国在它的殖民地印度强迫农民种植罂粟，然后将鸦片走私到中国，以此获取暴利。鸦片泛滥成灾，造成白银大量外流，对中国的经济发展和社会风气均产生了极为恶劣的影响。湖广总督林则徐在道光皇帝的支持下，在广东厉行禁烟。1839 年，在虎门集中销毁鸦片 2 万多箱。

虎门销烟之后，中英双方冲突趋于白热化。1840 年 6 月，英国方面以保护通商为借口，发动了第一次侵华战争。英军先是封锁广州等海面，后又北上进犯。1841 年，英军先后攻占厦门、定海、宁波等城。1842 年 7 月英军占领镇江，兵临南京城。1842 年 8 月，清政府被迫与英国签订《南京条约》。

《南京条约》是中国近代史上的第一项不平等条约，内容包括割让香港岛，开放广州、厦门、福州、宁波、上海五口通商，英国商人进出口货物所应缴纳的关税由中英双方商定，赔款 2100 万银圆等。

《南京条约》损害了中国的领土完整，导致关税自主等部分主权丧失。从此，中国独立发展的历史进程结束，被迫开始沦为半殖民地半封建社会。

此后英国商民，如有与内地民人交涉案件，应即明定章程，英商归英国自理，内人由内地惩办，俾免衅端。他国夷商仍不得援以为例。

——《南京条约》第八条

如何理解半殖民地半封建社会的社会性质？

鸦片战争中，清军先后有一名总督、两名提督、七名总兵、两名都统以及数千名士兵战死。1841 年，61 岁的广东水师提督关天培督战虎门，他发誓“人在炮台在”，身先士卒，在肉搏战中壮烈牺牲。镇守吴淞的江南提督陈化成，坚持住在炮台旁的帐篷之中长达两年，最终在 1842 年 6 月的战争中英勇殉国。

广州地区的民众还自发地抵抗英军。1842 年 5 月，英军入侵广州郊区，占领四方炮台，随后侵扰三元里村。当地士绅何玉成、梁廷栋等人撰写斗争檄文，在他们的发动和组织下，三元里十三乡的乡民近两万人几乎全数出动。在三元古庙集合，以三星旗为令旗，“旗进人进，旗退人退”，乡民熟悉地形，诱敌深入，最终将追击的英军团团包围，被困住的英军不得不求助广东地方政府。

中日甲午战争和台湾人民反割台斗争

鸦片战争后的数年间，清廷饱受内忧外患的打击，内有大规模的农民起义，周边列强环伺。19 世纪 90 年代，一直被中国视为“蕞尔小国”的近邻日本，也加入到了侵略中国的列强队伍当中。

日本在明治维新初期，利用西方列强无暇东顾之际，确立了对外扩张的“大陆政策”，视中国和朝鲜为囊中物。当时国内少数士大夫已敏锐窥破日本的野心，北洋大臣李鸿章积十年之功业已建成堪称亚洲最强大的海军力量，但总体上晚清政府对日本侵略性认识严重不足，国防精锐力量和重心几乎全部集中在沙俄及西方列强身上，以致战略制定失当。

1894 年年初，朝鲜爆发东学党起义，中国应朝鲜要求派兵支援，日本也乘机出兵朝鲜。期间，日本军舰蓄意挑衅，突袭中国运兵船“高升”号，清政府被迫宣战，中日战争爆发。9 月初，中日军队在平壤激战数日，清军主将叶志超弃城逃窜，致清军溃败。随后，中日海军又在黄海展开决战，“致远舰”管带邓世昌等重要将领阵亡，但清军主力舰队尚存。战后，李鸿章下令北洋海军退守威海卫，日本夺取黄海制海权。

此后，日本陆军接连突破鸭绿江防线。11 月 22 日，日军攻占抚顺；1895 年 3 月 17 日，日军攻陷北洋水师基地——威海卫，北洋舰队几乎全军覆灭。4 月 17 日，李鸿章代表清政府跟日本签订了丧权辱国的《马关条约》，内容包括承认日本控制朝鲜，割让辽东半岛、台湾岛及澎湖列岛，赔款 2 亿两白银等。

面对清政府的窳败软弱和西方列强的默许，台湾人民在孤立无援的情况下进行了殊死抗争。自 1895 年 5 月 29 日日军登陆至 11 月底火烧庄战役，日军对台湾军民实施了令人发指的暴行，无数的台湾义勇军和民众惨遭屠戮，台湾将士战死者 1.4 万余名，在近代中国反侵略历史上写下了可歌可泣的一页。

《马关条约》给近代中国社会带来了沉重灾难和巨大影响。台湾等大片领土被割让，使中国领土主权再次遭受破坏，并进一步刺激列强贪欲，掀起了划分租借地、抢占势力范围的瓜分狂潮；巨额的赔款，在加剧人民负担之余，更逼使清政府大量举借外债，便利了列强的经济制裁；通商口岸的增加，使得列强势力进一步深入至中国内地；允许日本在华投资设厂，进一步加剧了他们对中国劳动力和原材料的掠夺。这一时期，通过贷款、开矿、修路、建厂、开银行等，列强对中国的殖民侵略，进入到大规模的资本输出阶段。中国的半殖民地程度大大加深。

清政府割台以自保，割台消息传来使全台震骇。台湾巡抚唐景崧在致朝廷的电报中，质问若割台“朝廷失人心，何以治天下”。孤立无援的台湾人民，上至官绅，下至百姓，为反割台做了各种英勇悲壮的抗争。

以丘逢甲为首的台湾士绅，誓与台湾共存亡。他们自发组织义军、筹备粮饷军械，配合着驻防清军，实施武装保台。民众痛感“台湾已为朝廷弃地，百姓无依，唯有死守”，奋起参与保台。台湾官、绅、民合力抗日，一度使日军感到“全台皆兵”。

台湾人民合力抗日，表现出了怎样的一种家国情怀？为什么台湾最终未能幸免于沦陷？

八国联军侵华和中国军民的抗争

列强入侵导致了民众强烈的仇外情绪。在列强势力和传教士集中的山东地区，一方面，洋货倾销使手工业和农业遭受巨大冲击；另一方面，在清朝官员庇护下传教士时有欺压平民之举，教会与民众冲突激烈，这些都使得民众排外情绪趋于高涨。在这种情势下，原为民间秘密组织的义和团，以“仇教灭洋”相号召，迅猛发展。

慈禧试图招抚义和团，利用他们来对抗洋人。得到清廷默许的义和团开始明确打出“扶清灭洋”旗号，在直隶、北京等地汇聚为声势浩大的反帝排外运动。

1900年年初，在华列强英、美、法、德、俄、日、意、奥八国联合照会中国，要求清政府镇压义和团运动。清政府一直剿抚不定，无力控制局面。6月，八国正式商定联合出兵，清政府也仓促向各国“宣战”，表示要“一决雌雄”。8月中旬，八国联军共纠集军队2万余人，从天津向北京进军。北京沦陷后，慈禧太后携光绪皇帝仓皇出逃。

面对庞大的八国联军，清军和义和团或独立作战，或配合出击，予以奋勇抗击。1900年5月，数千团民与清军董福祥部包围北京的东交民巷使馆区，防守的洋兵死伤近百人。6月，联军2000余人试图从天津塘沽乘坐火车向北京进发，因铁路被义和团拆毁，只得随修随行，勉强抵达廊坊。廊坊的团民顽强阻挠，手执刀剑以血肉之躯对抗火炮快枪，被围困的联军只得被迫撤回天津。在天津，联军虽在俄军的陆续增援下力量不断扩充，但仍遭到守城清军和团民连续九日的拼死抵抗。清军将领罗荣光、聂士成等人在守卫战中壮烈牺牲。

八国联军占领北京长达13个月，期间不仅对义和团实施报复性杀戮，更将历史悠久的北京城劫掠一空。随后，八国联军还大肆侵占中国的北方地区。

慈禧太后逃亡途中，一面下令剿灭义和团，一面命奕劻和李鸿章与列强议和。1901年9月，最终签订议和的条约，史称《辛丑条约》。条约的主要内容有，中国向列强赔款4.5亿两白银，允许各国驻兵北京，撤销大沽炮台，严惩支持义和团的官员，永不叙用，禁止中国人民成立反帝组织。

《辛丑条约》是继《南京条约》以来最为苛刻的不平等条约。此后，列强可在北京、天津、山海关等交通要地驻兵，京畿重地门户洞开；战争赔款加上利息多达十亿之巨，清朝财政根本无力承担，只能以海关税盐税相抵押，经济命脉基本被列强操控；沉重的外债转嫁至普通民众，国计民生陷于绝境。清廷对列强百般谄媚，毫无民族尊严可言。中国就此彻底沦陷为半殖民地半封建社会。

《辛丑条约》签订后，清廷发布了惩治首祸诸臣的条约明文：“上谕内及日后各国驻京大臣指出之人等皆须照应得之罪，分别轻重，尽法严惩，以蔽其辜。”

1840 年以后，列强不断对中国发动侵略战争，中国人民进行了针锋相对的抗争，如何理解这是近代中国历史进程中的一条重要线索？

二、社会各阶级的救亡图存

自列强入侵中国之始，近代中国人即开始了对民族、国家出路的艰辛探索。农民发起了太平天国起义，统治阶层推动了洋务运动、戊戌维新和清末新政，资产阶级主导了革命运动。这些活动，既充分体现了各社会阶层救亡图存的努力，也显露出其自身所具有的时代局限性。

太平天国与洋务运动

鸦片战争后，清政府为了支付军费和战争赔款加紧搜刮，农民不堪重负。同时，自然灾害频仍，加剧了原本尖锐的社会矛盾。在受鸦片战争冲击很深的两广地区，社会动荡、民生困苦，使农民滋生了强烈的反清意识，并最终引发了 1851 年广西金田村大起义。

起义领导者是乡村教师洪秀全，起义军称太平军。起义发动后，太平军挥师北上，攻占永安后，洪秀全封王建制。1853 年攻占南京，以此作为太平天国都城，改号为“天京”。太平军定都天京以后，颁布了《天朝田亩制度》，宣扬“凡天下田，天下人同耕”和“无处不均匀”的平等理想，对贫苦无告的底层农民产生了巨大了吸引力。

军事上，太平军出兵北伐，一度打到直隶，逼近天津，致使清廷震动。清政府起用曾国藩等组建的湘军、淮军地主武装，镇压太平天国。

1856 年，领导集团的一场血腥内讧，使太平天国迅速由盛转衰。期间，洪秀全曾任用从香港回来的干王——洪仁玕主持朝政。洪仁玕提出的《资政新篇》，既是当时中国最完整的发展资本主义的纲领，又与现实严重脱节。军事上，洪秀全起用年轻将领陈玉成、李秀成，暂时稳定了东堂的局势。1864 年，在清军压境之时，洪秀全病逝，清军攻陷天京，太平天国运动失败。太平天国沉重打击了清朝统治，但它仍是一场旧式的农民起义，无力完成救亡图存的时代使命。

在与列强交战和镇压太平天国的过程中，曾国藩、李鸿章等清朝官员见识了西方坚船利炮的厉害，主张引进西方先进技术、创办新式工业、训练新式军队，以应对新的“变局”和“强敌”。洋务进入一个加速发展阶段。

1861 年，清朝设立了总理各国事务衙门，这是洋务进入高潮的标志之一。由于一切洋务均归其管辖，而洋务又是晚清内政外交的重心，总理衙门的权力因此变得很大，成为位列六部之上的权力枢纽。

总理各国事务衙门

鸦片战争强化了强兵以救国的共识，洋务首重军事工业。恭亲王奕䜣就指出：“自强以练兵为要，练兵又以制器为先。”当时创办的新式军工企业，除了上海江南制造总局、福州船政局、汉阳兵工厂之外，还包括各地开设的近 20 家机器局。清廷还筹建了南洋、北洋和粤洋三支海军，并于 1885 年正式成立海军衙门。

19 世纪 70 年代后，洋务官员体会到“先富而后能强”，开始引进轮船、铁路等西方技术，转而兴办民用工业。李鸿章筹办的上海轮船招商局、开平矿务局、天津电报总局，以及两江总督张之洞开设的汉阳铁厂，是这一时期民用工业的代表。这一时期，在洋务的推动下还修建了中国早期的铁路——唐胥铁路、津沽铁路。

到甲午战争前，洋务经办的民用企业总数已达40个以上，各类近代企业大体已经具备。洋务企业引入了大规模机器生产这一新鲜事物，有开风气之功。不过，它又难以摆脱固有的官场作风和垄断性质，压抑了民族资本主义的自由竞争。持续近30年不断的洋务，并没有使中国真正强大起来，也没能实现抵御外侮的初衷。

我办了一辈子的事，练兵也，海军也，都是纸糊的老虎，何尝能实在放手办理？不过勉强涂饰，虚有其表，不揭破犹可敷衍一时。……仍必欲爽手扯破，又未预备何种修葺材料，何种改造方式，自然真相破露，不可收拾，但裱糊匠又何术能负其责？

——吴永口述、刘治襄记：《庚子西狩丛谈》，129页，上海，上海书店出版社，1943。

1840年以后兴起并不断高涨的洋务，对近代中国发展产生了重要影响，如何全面评价其历史作用？

戊戌变法和清末新政

甲午战争的失败及列强瓜分中国狂潮，促成了群体性民族危机意识的觉醒。这其中，有洋务官员的自我反思，奕䜣就说“中国之败，全由不西化之故”，更有士大夫对“变政改制”的激进鼓吹。广东士人康有为及其弟子梁启超，曾在甲午战争期间组织各省举人上书请愿反对议和。事后他们回到广州，著书立说、办报刊、开学会，积极宣扬维新和西方思想。

康有为

康有为曾六次上书光绪皇帝，痛陈时弊。本就锐意图强的光绪帝，读到上书后深受触动，遂于1898年颁布《明定国是诏》，同时擢升康有为、梁启超等人主持变法。

梁启超

维新变法期间，光绪帝共颁布了新政诏书、谕令100多道，对各方面进行了广泛的改革。政治上，大量裁减冗员，撤销和合并闲散衙门；军事上，整顿军队编制，裁撤绿营，用新法编练陆海军；经济上，设立农工商总局等商务机构，提倡兴办实业；文化教育层面，改革科举，创办京师大学堂及地方中小学堂等。

光绪皇帝并无军政实权，他所重用的康、梁等人初入仕途缺乏政治经验，使得变法举步维艰。表现为变法操之过急、举措失当，对既得利益集团冲击太广；变法未能争取原本倾向改革的官员的有力支持，反而激起了他们的反对。

自感形势不利的光绪皇帝试图发动政变，但最终慈禧先发制人，于9月21日凌晨将光绪囚禁于中南海之瀛台。变法历经一百零三天后就宣告夭折。谭嗣同、杨锐、林旭、刘光第、康广仁、杨深秀六位志士喋血殉难。变法措施几乎取消殆尽。

维新变法之后，清朝又经历了八国联军侵华，统治岌岌可危。20世纪初内忧外患的加重，使清朝内部聚集了一批力倡变革的官员，民间改革呼声也趋于高涨，这促使1901年慈禧以光绪帝名义下诏，宣布实行“新政”。

新政的举措并没有超出戊戌维新的范畴，不同的是，它获得了实际的推进。新政的主要内容包括军制改革、政治体制改革、法制改革、奖励实业、教育改革等。

新政最引人注目的一项是预备立宪。在立宪派的极力推动下，清廷于1906年宣布预备立宪。1908年，光绪、慈禧相继去世，宣统继立。1911年，清廷迫于压力，成立责任内阁。然而，十三名内阁成员中七人为皇族，被讥为“皇族内阁”。预备立宪使清廷人心尽失，不少立宪派对清廷深感失望，转而投身革命。

以今日之时势言之，立宪之利有最重要者三端：一曰，皇位永固。立宪之国，君主神圣不可侵犯……一曰，外患渐轻。……一曰内乱可弥。会党纵横，甚者倡为革命之说，顾其所以煽惑人心者，则曰政体专务压制……今改行宪政……彼虽欲造言，而无词可藉。

——载泽致慈禧《奏请宣布立宪密折》，1905 年。

戊戌变法之后，1901 年清政府宣布实行“新政”，对比两次事件的起因、过程和结局，对其做出评价。

早期资产阶级革命运动和各种救国思潮

在维新派和立宪派极力推动清政府改良之际，旨在推翻清朝统治的革命活动也在积极酝酿。出生于广东香山县的孙中山，是清末革命派的领袖。1894 年 11 月，孙中山在美国檀香山创立了近代中国第一个革命团体——兴中会。1905 年，孙中山在日本东京将分散的团体合并为统一的革命组织——中国同盟会。同盟会以“驱除鞑虏，恢复中华，创立民国，平均地权”为政治纲领，在海内外设有众多支部，吸引了大批留日青年学生加入。

在发展革命组织的同时，革命党人还致力于革命思想的传播。在上海和东京这两个革命宣传中心，出版了大量鼓吹革命的书刊。章炳麟在上海《苏报》发表的反清言论，留日学生陈天华撰写的《警世钟》，以及邹容撰写的《革命军》，均风行一时，在新军中影响犹大，极大地鼓荡了革命思潮。

革命党人还直接发起了一系列的武装起义。兴中会成立后，孙中山即策划了两次起义，失败后他被清廷通缉，被迫流亡海外。1907 年，革命志士徐锡麟、秋瑾分别在安徽、浙江筹划起事，因消息泄露，二人殉难。历次武装起义中，以 1911 年 4 月发动的黄花岗起义影响最著。由于革命党人军力薄弱、经验不足，这一时期的武装起义均告失败。

改良与革命思想互相激荡之际，清末还涌现出了实业救国、教育救国和科学救国等社会思潮。

发展民族工商业，以实业挽救国家于危亡的主张，可以追溯到洋务运动时期。洋务知识分子郑观应就曾提倡过“商战”，甲午战争后民族资本家和华侨爱国人士则纷纷投资设厂，以实际行动践行实业救国。

戊戌维新以来，教育救国理念也得到了广泛的认同。维新思想家梁启超就说过：“变化之本，在育人才，人才之兴，在开学校。”清末新政积极推动废除科举和兴办新式学堂，教育改革成为新政中最富积极意义的成果。

洋务运动的实践已标示了近代国人对科学的新认识。清末一些新式知识分子进一步呼吁全社会重视科学技术，号召青年潜心向学，以科学为救国之一途。受此影响，不仅物理、化学等自然科学得以列入学堂课程，翻译科学书籍、组织学术性社团、普及科学常识，也成为相当普遍的文化现象。

各种救国思潮的流行促进了思想解放，推动了社会进步。但是，在半殖民地半封建社会的中国，这些温和的救国主张完全不可能使中国摆脱列强的控制和改变清朝的腐朽统治，民族独立和富强的实现仍有待革命运动的推动。

同盟会成立后，东京中国留学生在富士见楼举行欢迎孙中山大会，到会一千三百余人。孙中山的日本友人宫崎滔天在会上感慨：“昔年孙君来此，表同情者仅余等数辈耳，中国人士，则避之如恐不逮。今见诸君寄同情于孙君如此，实堪为中国庆慰。”

革命与改良之于社会，如燕鹄之有双翼，舟车之有两轮。……它们既是相互依存的，又是矛盾的，二者交叉地出现，或缓或急地促进社会的新陈代谢。近代中国就是在革命与改良的不断变革中曲折前进的。

——陈旭麓：《近代中国社会的新陈代谢》，293页，上海，上海社会科学院出版社，2006。

如何全面评价近代中国社会各阶级、各阶层开展的各种救亡图存运动？

第九章
开启共和进程的革命

导读

19世纪末20世纪初，民族危机不断加深，推动了中国社会的一系列变化。辛亥革命的爆发、中华民国的建立，改变了古老中国的历史发展进程。民国初年，中国社会的经济、思想、生活等各个领域，不同程度发生了变化。但是，随之而来的北洋军阀统治，没有使中国从此摆脱落后、走向进步，中国人民仍然在黑暗中摸索前行。

一、推翻旧王朝的辛亥革命

进入20世纪，中国社会危机全面加深。以推翻清朝统治，建立新国家为目标的革命运动不断高涨。在这样的背景下，武昌起义爆发，全国形势急剧变化，各省纷纷独立，清朝统治迅速瓦解，中华民国诞生。从此，中国社会的发展进入了一个新的阶段。

武昌首义

武汉位于长江与汉水的交汇处，交通四通八达，素有“九省通衢”之称，是清朝的一个统治重镇。革命党人在这里的活动非常活跃。科学补习所等革命团体长期坚持深入的宣传和组织工作，湖北新军中有三分之一的人倾向革命。1911年，随着革命形势的不断高涨，湖北革命党人决定于10月11日发动起义。在预定起义的前两天，革命党人在汉口俄租界的一处秘密机关制造炸弹时，意外发生爆炸。清军立即在全城戒严，大肆搜捕革命党人。一些领导人被捕就义。10 月 10 日，新军中的革命党人愈加感到形势危急。当晚，工程第八营的革命党人熊秉坤、金兆龙等果断杀死反动军官，率革命士兵冲出营房，迅速占领楚望台军械库，新军各营中的革命党人纷纷响应。经过激烈的战斗，12 日，武昌、汉阳、汉口相继被革命军占领。

武昌起义门

武昌起义胜利的消息传到全国各地，各省革命党人纷纷响应。11 月 9 日，全国已有 13 个省和上海市先后宣布独立，脱离清政府的统治。清朝陷入土崩瓦解之中。1911 年是旧历辛亥年，历史上称这次革命为“辛亥革命”。

武昌起义后，各省革命党人纷纷宣布独立，这时国内的革命形势有怎样的特点？

南京临时政府成立与清帝退位

12 月 29 日，起义各省派出代表，集会于南京，推举从海外归来的孙中山为中华民国临时大总统。

1912 年 1 月 1 日，孙中山宣誓就职，宣告中华民国临时政府成立，以 1912 年为民国元年，表示将“尽扫专制之流毒，确定共和”政体。

1912 年 1 月 1 日，在南京就任中华民国临时大总统的孙中山

实现民族、领土、军政、内政、财政等统一，反对民族压迫和分裂，在全国范围内奠定中华民国的牢固基础。

受到革命风潮的猛烈冲击，清政府内部的矛盾不断激化，实际掌握北洋军权的袁世凯，在列强的支持下，迫使清政府任命他出任内阁总理大臣，组织新内阁。大权在握的袁世凯，一方面出兵攻打武汉，对革命党人施加压力；另一方面催逼清政府同意共和。

袁世凯是清末权臣。1909 年，光绪皇帝和慈禧太后相继离世，忧虑大权旁落的摄政王载沣，以“足疾”为由，将袁世凯开缺回河南彰德老家养病。武昌起义爆发后，清政府惊慌失措，又无力调动北洋军将领，摄政王载沣不得不起用袁世凯。老谋深算的袁世凯在得到内阁总理大臣之职，并手握军权之后，指挥北洋军先后攻占汉口、汉阳，炮击武昌，对湖北军政府形成高压态势；同时又与英国驻华公使朱尔典密商，由英国驻汉口总领事出面，向湖北军政府提出南北停战议和的建议。在得到南方革命党人让权的保证之后，袁世凯不断向清政府施压，逼迫清帝退位。

1912 年 2 月 12 日，在北京的紫禁城，隆裕太后与六岁的宣统小皇帝在养心殿朝见群臣，由大臣在退位诏书上加盖玉玺。从此，清王朝退出了历史舞台。

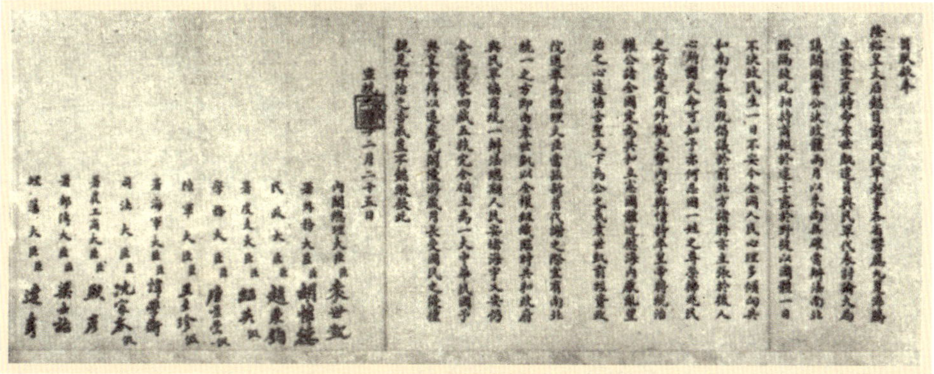
清帝退位诏书

武昌起义爆发后不久，南方革命党人就与袁世凯达成了妥协：“项城（袁世凯）果能倾覆清政府，则大总统一席南军愿以相属”。清帝退位后，孙中山辞去临时大总统职位，同时提出定都南京，袁世凯必须到南京就职等条件。袁世凯不愿脱离经营多年的老巢北京，他表面答应南方革命势力提出的南下条件，暗中则指使部下在北京等地制造各种事端，造成北方局势不稳的假象。然后，袁世凯以此为借口，表示难以南下就职。孙中山等被迫做出让步，同意袁世凯在北京就任临时大总统，同时临时参议院做出决议将临时政府迁往北京。3 月，经过一番博弈，袁世凯如愿以偿地在北京就任临时政府总统，掌握了中华民国的大权。

从武昌起义后，在革命党人与袁世凯的博弈中，中国政局有怎样的特点、各种势力的政治态度如何？

1912 年 3 月 11 日，南京临时政府颁布了《中华民国临时约法》。宪法颁布前，《临时约法》具有与宪法同等的效力。

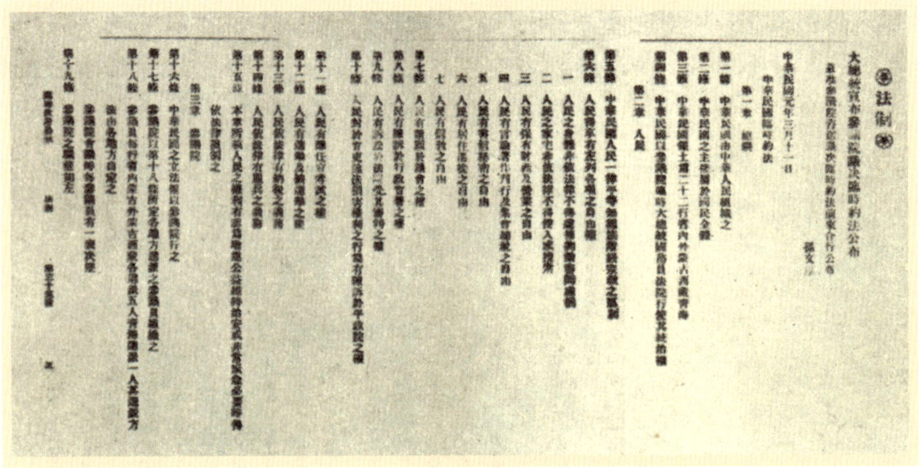
法制

中华民国临时约法

第一章 总纲

第二章 人民

《中华民国临时约法》

辛亥革命的历史意义

在近代中国，辛亥革命是一个改变历史进程的伟大事件。它推翻了清王朝，结束了在中国延续了两千多年的君主政体，在古老的中国大地上树起了民主共和的旗帜。新政府颁布了《中华民国临时约法》，它是中国历史上第一个带有资产阶级共和国宪法性质的法典。辛亥革命的发生，使中国人民经历了一次思想解放。辛亥革命以后，民主观念在中国渐渐地扩展开来。各种言论、政纲见诸报刊，形形色色的政党组织纷纷成立，这些都有利于激发民众关注和参与政治生活，有益于促进民众民主精神和现代公民意识的养成。辛亥革命还解放了清朝统治禁锢下的生产力，为中国民族资本主义经济进入一个新的发展时期开辟了道路。

民国者何？以其国为纯全民有之国。民国报者何？代表其一国人民之言论思想。民国报有六大主义者何？根于人民之言论思想而为根本之策划以成事业也。

——桑兵主编：《民国文献资料丛编》第2卷，489页，北京，国家图书馆出版社，2011。

辛亥革命是在两千多年君主统治下的中国，爆发的第一次民族民主革命，它不可能从根本上解决中国社会的矛盾和问题。由于历史条件所限，领导这次革命的中国民族资产阶级力量不够强大，政治上不够成熟，革命过程中没有提出明确的反帝反封建革命纲领。辛亥革命以后，中国的发展依然充满坎坷，民族危机不断加深，社会动荡持续加剧。但是，以辛亥革命为起点，中国人民更加坚定地踏上了进一步寻求光明出路的新征程。

君上有统治国家之大权，凡立法、行政、司法，皆归总揽。……一大清皇帝统治大清帝国，万世一系，永永尊戴；一君上神圣尊严，不可侵犯……

——故宫博物院明清档案部编：《清末筹备立宪档案史料》上册，57～58页，北京，中华书局，1979。

中华民国之主权，属于国民之全体，……以参议院、临时大总统、国务员、法院行使其统治权……中华民国人民一律平等……临时大总统、副总统，由参议院选举之，以总员四分三以上之出席，得票满投票总数三分二以上者为当选……

——中国第二历史档案馆：《中华民国史档案资料汇编》，106～109页，南京，江苏人民出版社，1981。

如何全面认识和评价辛亥革命的伟大历史功绩和局限?

二、中华民国初年的政治、经济和社会

民国初年，北洋军阀实行专制独裁统治，形成军阀割据纷争的局面。这一时期，民族工业的生存环境发生了改变，民族资本主义有了一定发展。一些先进的知识分子要求思想进一步解放，发起了新文化运动。一些大城市的生活习俗也出现了变化。

北洋军阀的统治

1912 年，袁世凯在北京就任中华民国临时大总统，北洋军阀统治确立。袁世凯上台后，通过刺杀宋教仁、解散国民党、解散国会、废除《中华民国临时约法》，逐步摆脱革命党人对他的限制，走向专制独裁。1915 年，袁世凯加紧复辟帝制，遭到各种势力的反对。1916 年 3 月，袁世凯被迫宣布取消帝制。不久，袁世凯病死。

袁世凯死后，北洋军阀分裂为以段祺瑞为首的皖系和冯国璋为首的直系。皖系在日本帝国主义的支持下，掌握北京中央政权，统治皖、鲁、浙、闽等省。直系以英、美帝国主义为后台，控制着苏、赣、鄂等省，并同皖系争夺对北京中央政府的控制权。此外，以张作霖为首的奉系，统治东北三省，并在日本帝国主义的扶植下，逐渐把势力扩张到关内，同直、皖两系争夺北京中央政权。

各派军阀在不同帝国主义的支持下，都把军队当作自己的私产，凭借手中的武力实行军事专政。他们不仅独霸一方，而且力图扩展自己的实力和地盘，进而控制中央政权，统治整个中国。因此各派军阀之间进行频繁的争夺以至战争，中国陷入军阀割据纷争的局面。在军阀的烧杀劫掠之下，人民陷入巨大的痛苦和灾难之中，国家陷入长期的分裂和动乱。

同时，北洋军阀对人民群众的反抗斗争严加镇压，对进步的社会舆论层层钳制，中国社会处处笼罩着黑暗。

1916 年 6 月，袁世凯死后，国务总理段祺瑞作风专断，他凭借手中的军权，实

际成为北京政府的掌权人物和北洋军阀的继承者。黎元洪虽名为大总统，但是段祺瑞仅把黎元洪当作“盖印”工具。黎元洪不甘心做傀儡，与段祺瑞展开了争夺权力的斗争。1917 年，美国参加第一次世界大战，要求中国和它采取一致行动，并提议借款给中国做参战费，黎元洪表示同意。日本唯恐落在美国后面，也积极怂恿段祺瑞参战，并答应借款给段祺瑞编练参战军队，而且军队练成后，可以不必到欧洲打仗，先用以清除内乱。美国见势不利己，便唆使黎元洪缓议宣战，以遏制日本在华影响及段祺瑞实力的膨胀。黎元洪与直系联手，又以英美为靠山，罢免了段祺瑞，黎元洪和直系军阀在这一轮较量中暂获成功。这就是第一次府院之争。

袁世凯死后，形成军阀割据纷争复杂局面的原因有哪些?

夹缝中发展的民族工业

中华民国建立后，中国民族工业生存的社会环境发生了很大变化。

南京临时政府和北洋政府都颁布了振兴实业的政令，在一定程度上消除了清政府时期束缚民族资本发展的障碍。这一时期，群众性反帝爱国斗争的持续高涨，也推动了民族资本主义的发展。第一次世界大战期间，欧美帝国主义国家忙于战争，暂时无力扩大对华的侵略，客观上为中国民族资本主义的发展提供了发展机遇。这些内外因素使处于封建主义和帝国主义夹缝中的民族工业，在民国初年获得了明显发展。

这一时期，民族工业设厂数目、投资规模有所增加，增长速度加快。同时，由于近代交通工具的使用，特别是铁路运输的发展，扩大了地区间的经济联系，不仅少数通商口岸和经济比较发达的地区民族工业发展非常迅速，内地的民族工业也有较大发展。

棉纺织业和面粉业是轻工业发展速度最快的行业。第一次世界大战开始后，由于外国棉纱棉布产量锐减，欧洲对中国棉布棉纱需求量猛增，引起国内纱布价格飞涨，纺织企业投资骤然增加。同时由于欧美输入中国的面粉大大减少，而日本、俄国等国家也需要从中国进口面粉，所以面粉工业获得较大发展。火柴、造纸、榨油、卷烟、食品等行业也相当可观。

随着民族资本积累的增加，重工业中的电力、钢铁等部门的发展也有所起色。但是，在近代中国资本主义企业中，民族资本所占的比重很少，外国资本占据绝对优势。外国资本控制着中国主要的重工业和轻工业部门，如煤、铁、电力、纺织、食品和卷烟等。随着第一次世界大战的结束，帝国主义资本输出和商品输出卷土重来，许多民族资本主义企业又相继陷入困境。民族工业的发展到 1922 年、1923 年起又转入短暂的停滞期。

北洋军阀统治时期，部分民族资本家奋发努力，改善企业管理，刻苦钻研本行业技术业务。在全国人民民主爱国运动的推动下，他们提出“国人愈爱国，国货愈宜精良”，打开产品销售市场。1912 年创立的上海三友实业社，生产的名牌产品“三角牌”毛巾打破了日本“铁锚牌”毛巾对毛巾市场的垄断，使得铁锚牌毛巾于 1923 年完全退出中国市场。1920 年刘鸿生创立的鸿生火柴厂，打垮了充销我国市场的瑞典“凤凰牌”火柴和日本的“猴牌”火柴。南洋兄弟烟草公司改良了机器设备，抵制了英美公司的三次（1914 年、1917 年、1922 年）吞并企图。

现代化进程是近代中国发展的一条线索，如何在既不夸大亦不贬低的基础上，对民族资本主义的发展和历史作用做出恰如其分的评价？

思想解放潮流和生活新时尚

辛亥革命以后，民主共和制度并没有真正实现，社会上依然存在大量的封建思想残余，并掀起一股尊孔复古的逆流。为了维护辛亥革命的成果，以陈独秀为代表的一批先进知识分子，掀起了一场主张改造国民思想的新文化运动。

《新青年》杂志封面

新文化运动以 1915 年创办的《新青年》为主要阵地，将北京大学作为新文化运动的中心，在北京大学任教的李大钊、胡适、鲁迅等人与陈独秀一起成为新文化运动的主将。

新文化运动提倡民主与科学，反对专制与迷信，提倡新道德，反对旧道德，提倡新文学，反对旧文学，提倡白话文，反对文言文。

新文化运动高举“民主”和“科学”的两大旗帜，动摇了封建思想的统治地位，使男女平等、个性解放的思潮逐渐传播开来，是一场深刻的思想解放运动。

在这场运动中，知识分子经受了民主和科学的洗礼。他们成为新思潮的传播者，推动了中国自然科学的发展。新文化运动提倡白话文，使语言和文字更紧密地统一起来，为广大民众所接受，从而有利于文化的普及与繁荣。

我们中国多数国民口里虽然是不反对共和，脑子里实在装满了帝制时代的旧思想，欧美社会国家的文明制度，连影儿也没有。……袁世凯要做皇帝，也不是妄想；他实在见得多数民意相信帝制，不相信共和，就是反对帝制的人，大半是反对袁世凯做皇帝，不是真心从根本上反对帝制。

——陈独秀：《旧思想与国体问题》，载《新青年》第3卷，第3号，1917年5月1日。

辛亥革命后，随着封建帝制的被推翻和民族工业的发展，资产阶级希望摒弃封建社会的各种陋习，建立一种新的社会生活观念。新文化运动倡导的新思潮，进一步解放了人们思想。人们开始吸收西方先进文化，学习西方先进文明的生活方式。

穿改进旗袍的女子

南京临时政府颁布了要求群众废止缠足和剪辫易服的通令，缠足和蓄辫现象逐渐在城市中消失。服饰变革出现在封建帝制被推翻、“西风东渐”的背景下，出现了中西合璧的特殊现象。女性服饰出现绚丽多彩和普及旗袍的景象，男士服饰出现由长袍马褂向西装和中山装过渡的趋势。

民国初年，由于新思潮的影响和受教育的普及，社会风气大开，大城市许多男女青年开始争取婚姻自主，采取新式婚制。礼节、称谓也发生了改变，鞠躬之礼代替此前的跪拜、请安等旧式礼节。“先生”“同志”的称谓替代“老爷”“大人”之称，尊卑等级观念逐渐被平等观念取代。

火车、电车，以及洋式马车等在大城市，可以为更多的人所享用。男女同车而行变得十分时髦。

民初生活习俗的变化提高了人们的生活水平，文明生活的习惯促进了社会文化的发展。但是，由于经济发展的不平衡，生活习俗的变化也出现差异。这些变化仅限于沿海地区和大城市等地，对广大农村影响甚微，农村中女子缠足、男子蓄辫等陋习仍较为普遍。

过年了，刚过新年，又过旧年；贺年的人，有的鞠躬，有的跪拜；黄昏走在北京的街头，既有旧时代的更夫，又有新时代的巡警；制定宪法，一面规定信仰自由，一面规定“孔教为修身大本”；关于婚姻，一方面订立禁止重婚的刑律，一方面却保留纳妾的习俗……

——李大钊：《新的！旧的！》，《新青年》，第4卷，第5期，1918。

民国初年，各种思潮并行，在一些地方人们生活的某些方面也发生了变化。但是，在很多地区的人群中，思想、生活仍然依旧。如何全面了解和认识这一时期的社会？

第十章
探索出路的新民主主义革命

导读

1919年，反帝反封建的五四运动爆发。1921年，中国共产党诞生。不久，基于复杂的国内形势，国共两党实现合作，掀起了国民革命运动，基本摧毁了北洋军阀的势力。1927年，国民党右派集团背叛革命，建立起南京国民党政权。中国共产党在农村创立革命根据地，开辟了农村包围城市、武装夺取政权的新道路。

一、 五四运动和中国共产党的诞生

1919年爆发的五四爱国运动是中国新民主主义革命的开端。此后，马克思主义在中国广泛传播。1921年，中国共产党成立，中国革命进入新的历史时期。

五四爱国运动

辛亥革命失败后，中国处在北洋军阀专制统治之下。中国社会矛盾的激化及新的社会力量的增长，预示着中国将出现一场新的革命风暴。1919年1月，第一次世界大战的战胜国在巴黎召开和平会议。标榜“公理战胜强权”的巴黎和会给中国人以极大的期待。中国政府代表提出废除外国在华特权和取消“二十一条”等正义要求。被英、法、美操纵的巴黎和会拒绝了中国代表的合理要求，并决定将德国在山东的权益转让给日本。作为战胜国的中国竟和战败国一样受到宰割。消息传到国内，激起各阶层人民的强烈愤慨，五四爱国运动由此爆发。

5月4日，北京大学等十几所学校的学生3000余人在天安门前集会，随后举行了游行示威。学生们高呼：“外争国权，内惩国贼”等口号。消息传遍全国，天津、上海、长沙、广州等城市和全国各地的学生纷纷举行游行示威。北洋政府派军警逮捕学生，镇压学生运动。陈独秀等及时提出行动口号和纲领，实际上起到了引导运动发展的作用。

北京大学学生的游行队伍

6月5日，上海工人首先举行大规模罢工，罢工的工厂企业有50多个，罢工工人达到六七万人。这场运动的斗争中心从北京转到了上海。由工人罢工所引发的商人罢市，与学生罢工一起形成“三罢”运动，迅速席卷全国20多个省区、150多个城市，成为全国范围的爱国运动。

五四爱国运动在广度和深度上的迅猛发展，特别是工人阶级以罢工形式参加斗争，使北洋政府和帝国主义深感震惊。在人民群众的压力下，北洋政府6月10日宣布罢免亲日派曹汝霖、章宗祥和陆宗舆的职务。6月28日，中国政府代表没有出席巴黎和约的签字仪式。五四运动的直接斗争目标得以实现。

> 学生罢课半月，政府不惟不理，且对待日益严厉，工界罢工不及5日，则曹、章、陆去。
>
> ——《上海学生联合会告同胞书》

五四运动是一场以学生为先锋、以工人阶级为主力的彻底地反帝反封建的爱国运动，它标志着中国新民主主义革命的开端。

如何全面认识五四运动的历史作用和伟大意义？

马克思主义在中国的传播

1899年，英国传教士在《万国公报》中第一次提到马克思和马克思的学说，资产阶级维新派和革命派都对马克思及其学说做过介绍。但马克思主义并没有得到正确阐释和造成一定的影响力。1917年俄国十月革命第一次把马克思主义从书本变成了现实。它促使中国先进的知识分子在资本主义的路走不通时，尝试走俄国人的路。在这种情况下，中国出现了赞成俄国十月革命、具有初步共产主义思想的知识分子。

李大钊是在中国大地上率先举起马克思主义旗帜的第一人。1918年下半年，他先后发表《法俄革命之比较观》《庶民的胜利》和《布尔什维主义的胜利》，运用无产阶级的世界观，把握人类社会发展的历史规律。李大钊在1919年5月发表《我的马克思主义观》一文，系统地介绍了马克思主义的唯物史观、政治经济学和科学社会主义的基本原理，完成从民主主义者向马克思主义者的转变。

李大钊

在五四运动后的一年多的时间里，宣传马克思主义的阵地不断扩大，马克思主义经典著作和翻译介绍马克思主义的书籍相继出版。1920年8月，陈望道翻译的《共产党宣言》中文全译本在上海出版。为扩大马克思主义思想阵地，早期马克思主义者还同反马克思主义流派展开了论战。

1919年7月20日，胡适在《每周评论》第31号发表《多研究些问题，少谈些“主义”！》一文，主张“多多研究这个问题如何解决，那个问题如何解决，不要高谈这种主义如何新奇，那种主义如何奥妙”。李大钊8月在《每周评论》第35号上发表《再论问题与主义》，他光明磊落地宣布：“我是喜欢谈谈布尔什维克主义的”，李大钊指出：仅仅依靠“一点一滴的改良”是不行的，社会问题“必须有一个根本解决，才有把一个一个的具体问题都解决了的希望”。

在五四运动后一两年的时间里，马克思主义在中国得到广泛传播。李大钊、陈独秀、毛泽东、邓中夏、蔡和森、周恩来、恽代英、瞿秋白等一批具有初步共产主义思想的知识分子和先进青年先后转变为马克思主义者。

五四运动前后，怎样的社会背景和条件使马克思主义在中国得以广泛传播？

中国共产党的成立

随着马克思主义的广泛传播和中国工人阶级力量的显现，以陈独秀和李大钊为代表的早期马克思主义者逐步认识到，要用马克思主义改造中国，就必须像俄国那样，建立一个无产阶级政党。

1920年8月陈独秀、李达等在上海成立中国共产党早期组织，10月，李大钊在北京成立共产党早期组织，湖南、湖北、山东、广东等地也相继建立了党的早期组织。各地共产党早期组织建立以后，深入工人群众，举办工人夜校，建立工会组织。

1921年7月23日，中国共产党的第一次全国代表大会在上海召开。出席会议的代表有李达、李汉俊、张国焘、刘仁静、毛泽东、何叔衡、董必武、陈潭秋、王尽美、邓恩铭、陈公博、周佛海及陈独秀委派的包惠僧。大会通过了中国共产党纲领，规定：党的名称是“中国共产党”；

党的性质是无产阶级政党；党的奋斗目标是推翻资产阶级，废除资本所有制，建立无产阶级专政，实现社会主义和共产主义。大会选举产生党的领导机构——中央局，陈独秀为书记。会议期间，由于会场受到暗探注意和法租界巡捕的搜查，最后一天的会议改在嘉兴南湖的游船上举行。

中国共产党第一次全国代表大会会址

第一次全国代表大会的召开，宣告了中国共产党的正式成立。近代以来，中国人民救亡图存的斗争之所以屡遭失败，重要的原因之一就是没有一个坚强的政党作为凝聚自己力量的领导核心。自从有了共产党，这种局面就开始得到了根本改变，中国革命的面目就焕然一新了。

五四运动的杰出的历史意义，在于它带着为辛亥革命还不曾有的姿态，这就是彻底地不妥协地反帝国主义和彻底地不妥协地反封建主义。

——教育部社会科学研究与思想政治工作组编：《毛泽东思想著作选读》，152页，北京，人民出版社，2001。

在一个很长的时期内，即从一八四〇年的鸦片战争到一九一九年的五四运动的前夜，共计七十多年中，中国人没有什么思想武器可以抗御帝国主义。旧的顽固的封建主义的思想武器打了败仗了，抵不住，宣告破产了。不得已，中国人被迫从帝国主义的老家即西方资产阶级革命时代的武器库中学来了进化论、天赋人权论和资产阶级共和国等项思想武器和政治方案，组织过政党，举行过革命，以为可以外御列强，内建民国。但是这些东西也和封建主义的思想武器一样，软弱得很，又是抵不住，败下阵来，宣告破产了。一九一七年的俄国革命唤醒了中国人，中国人学得了一样新的东西，这就是马克思列宁主义。中国产生了共产党，这是开天辟地的大事变。

——《毛泽东选集》第四卷，1446 页，北京，人民出版社，1967。

为什么说在近代中国，马克思主义的广泛传播和中国共产党建立是历史发展的必然？

二、国民革命和工农武装割据

在“打倒列强，除军阀”的共同目标下，国共实现合作。北伐战争掀起了国民革命的高潮。1927 年，蒋介石、汪精卫先后发动“四一二政变”和“七一五政变”，国共合作破裂，南京国民政府成立。中国共产党适时开展武装斗争，开辟农村革命根据地。

国共合作和北伐战争

中国共产党成立后，掀起第一次工人运动的高潮。1923 年 2 月，京汉铁路大罢工遭到直系军阀吴佩孚的血腥镇压，造成了震惊中外的“二七惨案”。中国共产党认识到，中国工人阶级虽然有很强的革命性，但毕竟人数少，力量还比较薄弱。要战胜帝国主义支持下的北洋军阀的残暴统治，必须要团结一切可以团结的力量，才能把中国革命引向胜利。

孙中山领导的中国国民党在人民心目中是中国民族民主革命的象征，有较高威望。但其成分复杂，组织松散，缺乏战斗力。孙中山所依靠十余年的广州新军阀陈炯明也叛变革命，要置他于死地。几经挫折之后，孙中山深切感到，要振兴国民党，振兴中国革命，必须要与中国共产党合作。在共产国际和苏联代表的帮助下，国共两党的合作水到渠成。

顾吾国之大患，莫大于武人争雄，南与北如一丘之貉。

——广东省哲学社会科学研究院历史研究室、中国社会科学研究所中国民国史研究室、中山大学历史系合编：《孙中山年谱》，227页，北京，中华书局，1980。

孙中山说：国民党正在堕落中死亡，因此要救活它就需要新血液。

——《宋庆龄选集》，109页，北京，中华书局，1960。

1923年6月中国共产党第三次全国代表大会确定与中国国民党建立革命统一战线。1924年1月国民党第一次全国代表大会在广州召开。孙中山重新解释了三民主义。确定了联俄、联共、扶助农工的三大政策，国共合作正式建立。

实现第一次国共合作的因素和条件有哪些？这些因素和条件反映出当时中国社会具有怎样的特点？

中国国民党一大

1924 年 5 月，根据中国国民党第一次全国代表会议决议建立“中国国民党陆军军官学校”，简称黄埔军校。孙中山希望通过创建革命军，来挽救中国的危亡。

1924 年 11 月，为把南方的革命形势推进到北方，孙中山离开广州北上，沿途宣传国民会议和废除不平等条约等主张。1925 年 3 月 12 日，孙中山因患肝癌在北京逝世。

1926 年 7 月，以推翻北洋军阀统治为目的的北伐战争开始。蒋介石担任国民革命军总司令。这时的北洋军阀形成三足鼎立的局面：直系吴佩孚佣兵 20 万主要占据湘、鄂、豫三省；奉系张作霖的 30 万军队盘踞在东北及京津等地；孙传芳的 20 万军队占据长江中下游地区。

北伐军英勇作战，将革命势力发展到长江流域和黄河流域的大部分地区。共产党直接领导的、共产党员叶挺任团长的第四军独立团，战功卓著，被誉为“铁军”。 1926 年 10 月，北伐军占领武汉，国民政府由广州迁往武汉。1926 年底到 1927 年初，北伐风暴席卷大半个中国。

在广大工农群众的支援下，经过近 10 个月的征战，北伐军消灭了吴佩孚、孙传芳的主力，重创了奉系军阀张作霖；1927 年 2 月，国民政府外交部同英国方面签署协定，收回了汉口、九江的英租界，反帝斗争取得重大胜利，沉重打击了帝国主义的在华势力。

南京国民政府的成立

在北伐胜利进军的时候，革命统一战线内部危机也在不断加深。以蒋介石为代表的国民党右派与帝国主义列强暗中勾结，不断挑起事端，加快反共分裂的步伐。1927 年，蒋介石经过精心策划后，在上海发动“清党”反共的“四一二政变”，大肆屠杀共产党人和革命群众。中国共产党的领导人对严峻形势认识不足，缺乏必要的应变准备，紧急关头，错失了挽救革命的时机。

“四一二政变”后，蒋介石建立南京国民政府。全国形成三个政权对峙的局面：以张作霖为首的北京政府、以蒋介石为首的南京政府和继续保持国共合作的武汉政府。武汉政府的汪精卫先是认为“分共”时机未到，打出反蒋旗号，取得武汉国民党中央和国民政府的信任。在接下来的一系列明争暗斗之后，汪精卫最终决定分共，发动“七一五政变”。武汉政府与南京政府“和平统一”，宁、汉实现合流。1928年2月，南京国民政府改组，蒋介石出任国民政府军事委员会主席，掌握了国民党和国民政府的实权。

继蒋介石反革命政变之后，1927年5月17日，武汉国民政府所辖的第十四师师长夏斗寅叛变。21日，湖南许克祥叛变。6月6日，汪精卫解除苏联最高顾问鲍罗廷在国民政府中的顾问职务。同一天，江西军阀朱培德叛变。19日，冯玉祥与蒋介石召开徐州会议，达成共同反共、反苏协议。此时，两湖及江西的工农运动已遭严重摧残。陈独秀对蒋介石、汪精卫继续妥协退让。15日汪精卫在武汉召开分共会议，与革命分道扬镳。

在北伐军胜利进军的时候，蒋介石、汪精卫先后背叛革命说明了什么？

不久，国民政府继续“北伐”，把矛头指向盘踞京津和东北三省的奉系军阀张作霖。张作霖退回关外途中，在沈阳附近的皇姑屯，被日军预埋的地雷炸死。1928年12月，接掌奉系权柄的张学良，顶住日本的压力，在奉天宣布：“遵守三民主义，服从国民政府，改易旗帜”。30日，南京国民政府任命张学良为东北边防军司令长官。至此，南京国民政府统一了全国。北洋军阀不再作为一种政治力量继续存在。

革命根据地的建立

国民革命失败后，国内政治局势急剧逆转，大批共产党人和革命群众被杀害。为了反抗国民党反动派的屠杀政策，挽救中国革命，中共中央决定在大城市发动武装起义。1927年8月1日，周恩来、贺龙、叶挺、朱德、刘伯承领导两万多人，举行南昌起义，打响了武装反抗国民党反动派的第一枪。

1927年8月7日，中共中央在汉口召开紧急会议，确定了实行土地革命和武装起义的方针。八七会议决定毛泽东到湖南改组湖南省委，在秋收时节发动起义。

9月9日，毛泽东发动和领导秋收起义，以夺取中心城市长沙为目标。

由于敌强我弱，起义部队严重受挫，损失严重。毛泽东当机立断，在湖南省浏阳县文家市召开前委会议。会议经过激烈争论，最后同意了毛泽东的意见，决定保存实力，向敌人统治力量薄弱的农村中去开展武装斗争，进行土地革命，建立革命政权。10 月 27 日，起义部队到达罗霄山脉中段井冈山的茨坪，开创了中国共产党领导下的第一个农村革命根据地。从进攻大城市转到以农村为中心，这是中国革命的一个新起点。

1928 年 4 月，朱德、陈毅率领工农革命军由湘南到达井冈山，同毛泽东领导的工农革命军会师，合编为工农革命军第四军，后改称红军第四军，这就是著名的井冈山会师。从此，中国共产党找到了一条适合中国国情的革命新道路。

井冈山革命根据地建立之后，在一些国民党统治力量薄弱的农村，先后涌现出十几块革命根据地，形成了土地革命、武装斗争和农村根据地建设的“工农武装割据”的新局面。1931 年 11 月，中华苏维埃共和国临时中央政府在江西瑞金叶坪村成立，毛泽东当选为主席。

革命根据地的发展，对国民党统治构成了很大的威胁。于是国民党发动了数次对根据地的大规模“围剿”。中央苏区的第五次反“围剿”失败，中央红军被迫长征。

在前四次反“围剿”中，由于实施毛泽东、朱德等人的运动战方针，都打退了敌人的进攻。但在第五次反“围剿”中，中共中央采纳苏联军事顾问李德的建议，采用军事冒险主义，要求红军在根据地之外展开全面进攻，争取苏维埃在全中国的胜利。

遵义会议会址

在长征初期严重受挫的危急情况下，1935 年 1 月 15 日至 17 日，中共中央政治局召开遵义会议。会议纠正了李德在军事指挥上的错误，开始确立了以毛泽东同志为主要代表的正确路线在中央的领导地位。遵义会议在危急时刻挽救了党，挽救了红军，挽救了中国革命。

遵义会议后，中央红军继续长征。1935 年 10 月到达陕北。1936 年 10 月，红二方面军和红四方面军到达甘肃与红一方面军会师。红军三大主力会师，宣告着红军长征胜利结束。到达陕北后，中国共产党在陕北建立根据地，领导中国革命进入抗日战争的新时期。

城市工人暴动的发动是非常之重要；轻视城市工人，仅仅当作一种响应农民的力量，是很错误的，党的责任是努力领导工人日常斗争，发展广大群众的革命高涨，组织暴动，领导他们到武装暴动，使暴动的城市能成为自发的农民暴动的中心及指导者。城市工人的暴动是革命的胜利在巨大暴动内得以巩固而发展的先决条件。

——中央档案馆编：《中共中央文件选集》，457页，北京，中共中央党校出版社，1989。

一国之内，在四围白色政权的包围中间，产生一小块或若干小块的红色政权区域，在目前的世界上只有中国有这种事。我们分析它发生的原因之一，在于中国有买办豪绅阶级间的不断的分裂和战争。只要买办豪绅阶级间的分裂和战争是继续的，则工农武装割据的存在和发展也将是能够继续的。

——《毛泽东选集》第一卷，56 页，北京，人民出版社，1967。

为什么说以毛泽东为代表的中国共产党人，在革命事业遭受重大挫折的关头，走出的农村包围城市的道路，是马克思主义中国化的一个成功案例？

第十一章
抵御外侮的中华民族抗战

导读

1931年，日本发动了九一八事变。从此中国人民奋起反抗日本侵略，进入14年抗日战争阶段。全国范围的抗日救亡运动不断高涨，国共两党合作，正面战场和敌后战场协同作战，开辟了世界反法西斯战争的东方主战场，中国共产党成为全民族团结抗战的中流砥柱。1945年，抗日战争取得伟大胜利，这是中华民族走向复兴的历史转折点。

日本在侵华期间，制造了南京大屠杀及大量屠戮惨案，犯下了累累法西斯暴行。

一、抗日战争的爆发

1931年，九一八事变后，中国抗战爆发。1937年，日军挑起卢沟桥事变，中华民族进入全面抗战。从东北到华东，中国军民的抗日救亡运动持续高涨。日军侵华期间，制造了“南京大屠杀”，实行“三光”政策，实施细菌战和毒气战。日军对中国人民犯下了滔天罪行。

九一八事变和七七事变

日本发动九一八事变是实现其“大陆政策”的既定目标。日本受到1929—1933年世界性经济危机的沉重打击，国内阶级矛盾日益激化，军国主义情绪不断高涨。为了缓和国内矛盾，1931年9月18日，日本关东军利用西方无暇顾及远东局势之际，炸毁沈阳北郊柳条湖附近的南满铁路路轨，反诬是中国军队挑衅，并以此炮轰沈阳北大营。次日，日军侵占沈阳，史称九一八事变。此后，中国开始了长达 14 年的抗战，中国的抗日战争揭开了世界反法西斯战争的序幕。

从明治维新开始，日本是怎样走上军国主义法西斯扩张道路的？

日军在沈阳城墙上向中国军队发动进攻

沈阳沦陷后的几天之内，日军完成了对南满铁路沿线城市的占领。不到半年，东北全境沦陷。日本在东北建立了伪满洲国傀儡政权，开始了在中国东北的殖民统治。

日军继续南下，扩大侵华战争。南京国民政府对日军的侵略采取不抵抗政策，把制止其侵略的希望完全寄托于国际联盟的调停。

1937 年 7 月 7 日，日本驻军在北平西南卢沟桥附近演习时，借口一名日本士兵失踪，要求进入宛平县城搜查，遭到拒绝后，日军炮轰宛平城，攻击卢沟桥，并于次日凌晨占领了宛平。中国驻军第二十九军奋起抵抗，这就是卢沟桥事变，又称七七事变。从此，中华民族的全面抗战进入一个新起点。

卢沟桥战斗打响后，第29军将领秦德纯、冯治安、张自忠等召开紧急会议，并联名致电国民政府："彼方要求须我军撤出卢沟桥城外，方免事态扩大，但我方以国家领土主权所关，未便轻易放弃，倘彼一再压迫，为正当防卫计，不得不与竭力周旋。"同时，29军军部发出命令："卢沟桥即为尔等之坟墓，应与桥共存亡，不得后退。"

——张宪文、李继锋等：《中国抗日战争史》第2卷，9页，北京，化学工业出版社，2016。

抗日救亡运动的高涨

九一八事变后，人民群众抗日浪潮如火如荼。9月21日，上海码头工人举行反日大罢工。南京、天津、北平、汉口等城市的工人和其他群众，也以请愿、募捐、禁售日货等多种形式，进行抗日救亡运动。

九一八事变后的第四天，上海人民群众召开抗日救国大会，并在会后成立了抗日救国委员会。上海市民抵制日货活动，沉重打击了日本的对华贸易。到1930年12月，只有3%的由上海进口的商品来自日本。至12月底，在沪的日资企业关闭数达90%以上。上海市民还建立了上海市抗日救国义勇军委员会，截至11月17日，报名参加义勇军的人数已达1.7万余名。

面对上海民众的抗日，日本决定诉诸武力，在上海挑起事端，制造"一·二八"事变，以此转移国际对日本占领东北、建立"满洲国"的注意力。中国第十九路军在蒋光鼐和蔡廷锴的指挥下、在人民群众和海外华侨的支持下，奋起抗击。

第十九路军几次打退敌人的进攻，终因寡不敌众，中国守军被迫撤退，淞沪抗战结束。虽然在西方列强的调停下签订了屈辱的《淞沪停战协定》，但中国人民英勇不屈的斗争精神鼓舞了全国人民的抗日斗志。

在东北，马占山等领导的东北抗日义勇军失败后，中国共产党领导的抗日游击队成为东北抗日的主体，不断壮大，后发展为东北抗日联军，由杨靖宇等领导，继续坚持抗日游击战争。

为了把华北从中国分离出去，1935年，日军在华北制造了一系列侵略事件，史称"华北事变"。面对民族危亡，12月9日，北平数千名大中学生在中国共产党的领导下，举行了反对华北自治的抗日救亡示威游行。这场爱国运动立即席卷全国，并得到社会各界的广泛响应和支持。“一二·九”运动促进了中华民族的觉醒，标志着中国人民抗日救亡民主运动高潮的到来。

在中国抗日民族统一战线及抗日救亡运动的影响下，1936 年 12 月 12 日，张学良、杨虎城在西安发动“兵谏”，扣留了蒋介石，逼其停止内战、联共抗日，这就是震惊中外的“西安事变”。西安事变后，中国共产党认真研究当时国内外复杂的形势，确定了联蒋抗日、和平解决西安事变的方针。在各方的努力下，蒋介石接受了“联共抗日”的条件。西安事变的和平解决，成为时局转换的关键，也是全民族抗战局面形成的基础。

张学良（左）、杨虎城合影

1937 年，全面抗战开始后，全国各阶级、阶层、党派和团体、广大民众及港澳台同胞、海外华侨，以各种形式支援抗战。

上海、天津等地工人组织抗敌后援会等。农民、学生、妇女、记者、少数民族也以各种形式参战。各地华侨更是捐钱、捐物、捐药、献血，积极参战，海外华侨成为中国抗战的大后方。

外敌当前，国共实现合作抗日，社会各阶层人民迅速掀起抗日救亡运动。这说明了什么？

日本侵华的罪行

日军在侵华战争中，采用各种灭绝人性的手段，对南京人民进行惨绝人寰、震惊世界的大屠杀，使六朝古都南京变成了血流成河的人间地狱。

1937年12月13日，日军占领南京后，随心所欲射杀无辜平民，集体屠杀已放下武器的中国士兵，大肆奸污中国妇女，大规模的抢劫财物，并纵火焚毁古建筑，摧残南京古文化。这种烧杀淫掠的野蛮暴行从占领南京起，整整持续了6周，致使30万以上的平民遇难，南京市的三分之一的房屋被烧毁，几乎所有的商店被抢劫一空。

日本士兵完全像一群被放纵的野蛮人似的来侮辱这个城市。……单独地或二三成群地在全市游荡，任意实行杀人、强奸、抢劫和放火……对一点也没开罪他们的中国男女和小孩毫无理由地和不分青红皂白地予以屠杀，终至在大街小巷都遍地横陈被杀害者的尸体。

——远东军事法庭编：《远东国际军事法庭判决书》，484页，北京，群众出版社，1986。

日军还在占领区建立多个细菌战部队的秘密基地，以哈尔滨“731”细菌部队最为臭名昭著。“731”细菌部队对中国军民进行“活体解剖”、活体细菌实验等，将研制出的带有鼠疫、伤寒、霍乱等菌种投放到中国许多地区，进行细菌战。使用极端危险的生化武器，造成大量中国居民死亡。日军还在其占领区掳掠和残害中国劳工，强迫一些中国妇女充当“慰安妇”。

日军对敌后根据地进行疯狂“扫荡”，实行“烧光、杀光、抢光”的“三光”政策。1941—1942年，日军在扫荡华北根据地时，一次使用兵力在千人以上的达132次，万人以上至7万人的达27次，同一地区甚至三四个月持续“扫荡”。其使用兵力之多、持续时间之长、烧杀破坏之残酷，都是前所未有的，造成根据地出现面积缩小、人口剧减的严重困难时期。

日军还在重庆、南京等许多城市实施狂轰滥炸。1941年6月5日，日军夜袭重庆，造成1000多名避难民众窒息而死，其惨状令人目不忍睹，造成了令人震惊的“重庆大隧道惨案”。从1938年到1943年，侵入重庆上空的轰炸日机达9000余架次，投弹2万余枚，直接伤亡3万多人。从1937年7月到1943年7月，中国因日军空袭而伤亡的人数高达70多万。

日军在南京屠杀中国平民

日本侵华期间制造了惨绝人寰的“南京大屠杀”，为了不让历史的悲剧重演，我们应该从第二次世界大战的历史中汲取怎样的经验教训？

二、全民族奋起抗战

七七事变爆发后，在中国共产党的积极推动下，抗日民族统一战线正式形成。正面战场、敌后战场协同配合，共同抗击日本侵略，开辟了世界反法西斯战争的东方主战场。中国共产党成为坚持持久抗战、夺取胜利的中流砥柱。1945 年，日本投降，抗战胜利，世界反法西斯战争结束。

正面战场和敌后战场

七七事变爆发后，国共两党对日本的侵略迅速做出反应。7 月 8 日，中国共产党向全国发出通电，指出只有实行全民族抗战，才是中国的出路。7 月 17 日，国民党蒋介石在庐山发表谈话，确定了准备抗战的方针。8 月 13 日，日军进攻上海，威胁南京，史称“八一三”事变。次日，蒋介石发表自卫宣言，表示要“抵抗暴力”。

“八一三”事变后，根据国共两党的协议，西北的红军主力改编为八路军，朱德、彭德怀为正副总指挥，南方八省的红军游击队改编为国民革命军新编第四军，叶挺、项英为正副军长。9 月，国民党公布了中共提交的国共合作宣言，标志着以国共两党合作为基础的抗日民族统一战线正式形成。

1937 年 8 月，淞沪会战开始。蒋介石陆续调集了全国最精锐的部队参战，其中中央军嫡系军队占五分之三。会战的规模和死伤数量很大，其中，宝山罗店发生了激烈的争夺战，双方近战肉搏，反复冲杀，伤亡极其惨重，日军恐惧地称这里是“血肉磨坊”。11 月，装备、素质都居于优势的日军占领了上海，淞沪会战结束。淞沪会战粉碎了日本妄图三个月灭亡中国的计划，也让世界人民看到了中国坚持抗日的信心。

淞沪会战期间，华北日军侵入山西，企图夺取太原。国民政府组织太原会战。为配合正面部队在忻口反击日军，八路军一一五师在平型关地区设伏，歼灭日军 1000 余人，重创日军，取得了抗战以来的首次大捷——平型关大捷，震动中外，打破了“日军不可战胜”的神话，增强了全国人民抗战必胜的信心。八路军此阶段战果给忻口战役以有力支援，被朱德称为国共两党“联合作战的范例”，但忻口战役无法阻击日军的进攻。不久，日军侵占太原。

1938年春，日军继续南下，进攻徐州。国民政府组织徐州会战。其中，李宗仁指挥的台儿庄战役歼敌 1 万余人，使日军遭受前所未有的失败。徐州会战历时 5 个月，但未能阻止日军的进攻。5 月，徐州等地相继失守。

为了迫使中国政府投降，1938 年 6 月日本大举进攻武汉。以广阔的长江中下游和淮河流域为战场，上至高层，下至普通百姓、爱国华侨积极参加保卫武汉的会战。会战历时四个半月，10 月武汉沦陷。武汉会战消耗了日军的有生力量，战略进攻势头大大减弱，中国抗日战争进入战略相持阶段。

正面战场抗击日军的同时，共产党领导八路军、新四军开辟敌后战场，开展独立自主的抗日游击战争，建立晋察冀等抗日根据地，并提出持久战的方针，指引全国抗战最终走向胜利。

1938 年 5 月，毛泽东在《论持久战》一文中，分析了抗战中敌我双方的基本特点及力量强弱对比，预见到抗战必经的三个阶段，并强调指出“兵民是胜利之本”，争取抗战胜利的唯一正确途径是充分动员和依靠群众，实行人民战争。《论持久战》是中国共产党领导抗战的纲领性文件，增强了人们坚持抗战的信心。

在持久战思想的指导下，为了振奋全国的抗战精神，打破日军的"囚笼"政策，1940 年，八路军在华北对日军实施了一次大规模的进攻作战，参战部队达到 105 个团，20 余万人，故名百团大战。百团大战毙伤日军 2 万余人，破坏华北地区的主要交通线，取得重大战果。对牵制日军兵力，支持正面战场作战，遏制妥协暗流，起到了积极的作用。此后，敌后战场逐渐成为抗战的主战场，敌后游击战争成为主要的作战方式。

敌后战场在不断地对敌斗争中，创造了地道战、地雷战、麻雀战、破袭战等有效的歼敌方法，钳制和消耗大量日军，创建了抗日民主根据地，成为抗日胜利的保障。敌后战场与正面战场共同抗击日军侵略，形成了两个战场夹击日军的态势。

1941 年至 1943 年，是第二次世界大战规模进一步扩大，反法西斯战争由相持转入反攻的转折时期，也是中国战场最为艰难困苦和实现战略转折时期。

正面战场和敌后战场的发展历程说明了什么？我们从中可以得到怎样的启示？

世界反法西斯战争的东方主战场

1941 年 12 月 8 日，日本偷袭美国珍珠港，太平洋战争爆发。次日，美国对日宣战。随后，中国对日宣战。中国与美国和英国结盟，中国战场与世界反法西斯的其他战场融为一体。中国战场是开展时间最早、持续时间最长、歼灭日军最多的战场。

中国始终抗击和牵制着日本陆军主力和部分海空军事力量，制约着日本北进苏联和南进东南亚，保障了反法西斯盟国"先欧后亚"战略的实施，使日本在中国战场陷入战争的泥潭不能自拔，从而支持了世界反法西斯同盟。中国战场是亚太地区盟军对日作战的重要后方基地，为盟国提供了大量的战略物资和军事情报，在人力、物力和财力上支持了反法西斯战争。

太平洋战争爆发后，日军迅速向东南亚推进。为了确保滇缅公路这条国际交通线，应盟军请求，中国派 10 万远征军入缅参战。1942 年

4 月，新编第 38 师师长孙立人率部在缅西战略要地仁安羌救出被包围的英军 7000 余人，取得了仁安羌大捷。此役轰动英伦三岛，扬威世界。1945 年年初，在英、美军队的配合下，中国远征军击败了侵缅日军。

假如没有中国，假如中国被打垮了，你想一想有多少师团的日本兵可以因此调到其他方面来作战？他们可以马上打下澳洲，打下印度……他们可以毫不费力地把这些地方打下来，他们并且可以一直冲向中东。

——［美］罗斯福

如果日军进军西印度洋，必然会导致我方在中东的全部阵地崩溃。而能防止上述局势出现的只有中国。

——［英］丘吉尔

只有当日本侵略者的手脚捆住的时候，我们才能在德国侵略者一旦进攻我国的时候避免两线作战。

——［苏］斯大林

为什么说中国的抗日战争是世界反法西斯战争的重要组成部分？

抗日战争的伟大胜利

1943 年秋季，中国战场逐步转入战略反攻。1944 年至 1945 年春夏，中国共产党在敌后战场加强攻势。1945 年 5 月 2 日，苏联红军攻克柏林；5 月 8 日，德国投降。8 月上旬，美国在日本投掷了两颗原子弹，苏联对日宣战，加速了日军的投降进程。8 月 9 日，毛泽东发表《对日寇的最后一战》声明，中国抗日战争进入全面反攻阶段。8 月 15 日，日本接受《波茨坦公告》，宣布无条件投降。9 月 2 日，日本正式签字投降。

中国人民抗日战争是近代以来中国抗击外敌入侵的第一次完全胜利。它彻底打败了日本侵略者，有力地捍卫了国家主权和领土完整。中华民族空前觉醒，民族自信心大大提高。

中国在抗日战争中付出了巨大的民族牺牲，遭受了惨重的民族痛苦。据不完全统计，整个战争期间，中国军民伤亡 3500 多万人，按 1937 年的比值折算，中国直接经济损失 1000 多亿美元，间接经济损

日本向同盟国无条件投降签字仪式

失5000多亿美元。中国抗日战争为世界反法西斯战争做出了巨大贡献。

中国积极倡导和推动世界反法西斯统一战线的建立，为建立联合国和战后世界新秩序做出重要贡献。太平洋战争爆发后，中、苏、美、英等26国，签署了《联合国家宣言》，中国成为联合国的创始国和五大常任理事国之一。

抗日战争为新民主主义革命胜利奠定了基础，极大地推进了中国社会的历史进程，是中华民族实现伟大复兴的历史转折点。

中国人民抗日战争胜利，是近代以来中国抗击外敌入侵的第一次完全胜利。……这一伟大胜利，开辟了中华民族伟大复兴的光明前景，开启了古老中国凤凰涅槃、浴火重生的新征程。

——《习近平谈治国理政》第二卷，445页，北京，外文出版社，2017。

给人类带来空前劫难的第二次世界大战虽然已渐渐远去，但是，战争的危险至今仍然存在。我们应该从历史中汲取什么？

第十二章
解放战争之路

导读

抗日战争胜利后，中国面临和平建国还是再次陷入内战的艰难抉择。中国共产党为争取和平民主，反对内战独裁，与国民党进行了重庆谈判。国民党在美国支持下，发动了全面内战。解放区军民先后粉碎了国民党的全面进攻、重点进攻，转入战略反攻，最终结束了国民党政权的统治，为中华人民共和国的成立奠定了基础。

一、 内战风云突起

重庆谈判和双十协定的签订，表明了中国共产党争取和平的诚意。但国民党最终撕毁协定，挑起了内战。中国共产党粉碎了国民党的全面进攻和重点进攻，并在敌我力量对比发生重大变化的情况下，千里跃进大别山，揭开了战略反攻的序幕。

重庆谈判

抗日战争胜利后，全国人民渴望和平、民主。但是，以蒋介石为首的国民党政府在美国的支持下，阴谋发动大规模内战，因为其军队大多在西北、西南地区，为了争取部署内战的时间，蒋介石采取“假和平、真内战”的策略，于 1945 年 8 月三次电邀毛泽东到重庆谈判。为了争取和平，制止内战爆发，中共中央决定派毛泽东等赴重庆谈判。

8 月 28 日，毛泽东、周恩来、王若飞在美国驻华大使赫尔利和国民党政府代表张治中的陪同下飞抵重庆。经过 43 天谈判，国共双方代表于 10 月 10 日签署了《政府与中共代表会谈纪要》，即双十协定。协定规定：坚决避免内战，建设独立、自由和富强的新中国；召开政治协商会议，实现政治民主化；保证人民享受一切民主国家人民在平时应享受的身体、信仰、言论、出版、集会、结社之自由；承认国民党、共产党及一切党派的平等合法地位等。但是，双方未能就人民军队的整编和解放区政权的合法性问题达成明确的协议。通过重庆谈判，中国共产党用事实向全国人民表明了自己的和平诚意，赢得了国内外人民的同情与支持，取得政治斗争的主动地位。

按照双十协定的要求，1946 年年初，政治协商会议在重庆召开。参加者有国民党、共产党、民盟、青年党、无党派人士的代表，商讨抗战后的和平建国大业。由于中国共产党和各民主党派的努力，迫使蒋介石签订了有利于和平建国的政协协议。双十协定和政协协议符合全国人民要求和平民主的愿望，否定了国民党的内战政策，使其被迫承认和平建国的基本方针。

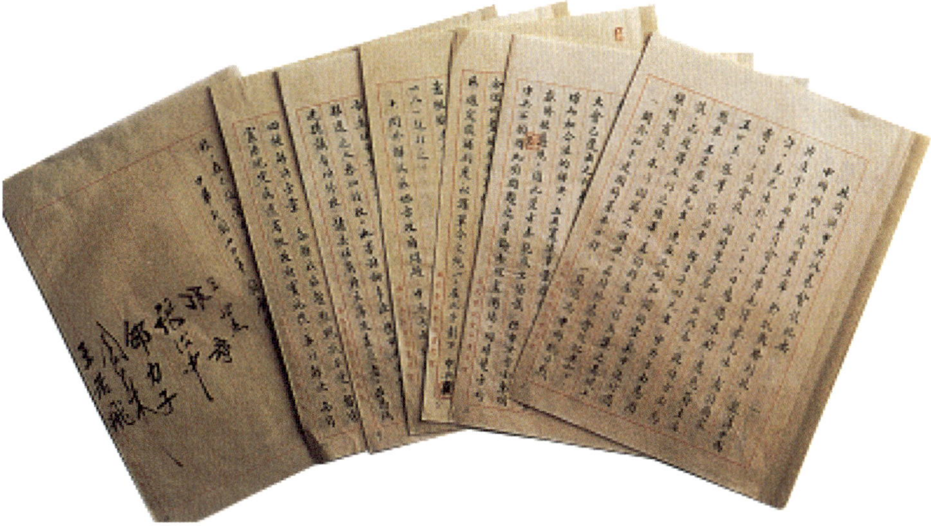

双十协定原稿（影印件）

本人此次来渝，系应国民政府主席蒋介石先生之邀请，商讨团结建国大计。现在抗日战争已经胜利结束，中国即将进入和平建设时期，当前时机极为重要。目前最迫切者，为保证国内和平，实施民主政治，巩固国内团结。国内政治上军事上所存在的各项迫切问题，应在和平、民主、团结的基础上加以合理解决，以期实现全国之统一，建设独立、自由与富强的新中国。希望中国一切抗日政党及爱国志士团结起来，为实现上述任务而共同奋斗。

——中共中央文献研究室编：《毛泽东年谱（1893—1949）》，16页，北京，人民出版社、中央文献出版社，1993。

抗战胜利以后，中国的前途一度充满和平的希望。为什么重庆谈判后不久，中国大地烽烟再起，陷入内战？

粉碎国民党全面进攻和重点进攻

蒋介石缺乏诚意，很快撕毁了双十协定和政协协议。1946年6月底，国民党军队22万人进攻中原解放区，发动了全国规模的内战，扬言要在三至五个月内消灭共产党领导的人民军队。面对严峻的战争形势，中国共产党采取运动战方式，坚持集中优势兵力，各个歼灭敌人的作战原则。经过八个月作战，人民军队歼敌70多万人，粉碎了国民党军的全面进攻，使其“速战速决”的计划破产。

国民党军对解放区的全面进攻受挫后，自1947年3月起，又集中大量兵力，对陕北和山东解放区发动重点进攻。

蒋介石调动25万兵力，对陕北解放区发动重点进攻。毛泽东率中共中央机关主动撤离延安，转战陕北，指挥全国解放战争。西北野战军只有两万多人，在彭德怀等指挥下，利用群众基础好、地形险要、回旋余地大等有利条件，采用“蘑菇”战术与国民党军周旋。经过五个月连续作战，先后取得青化砭、羊马河、蟠龙镇、沙家店等战役的胜利，粉碎了国民党军队对陕甘宁解放区的重点进攻，初步改变了西北战场的局势。

我军打仗，不在一城一地的得失，而在于消灭敌人的有生力量。存人失地，人地皆存；存地失人，人地皆失。敌人进延安是握着拳头的，他到了延安，就要把指头伸开，这样就便于我们一个一个地切掉它。要告诉同志们：少则一年，多则二年，我们就要回来，我们要以一个延安换取全中国。

——中共中央文献研究室编：《毛泽东年谱（1849—1976）》，176页，北京，中央文献出版社，2013。

1947年3月，国民党集中45万兵力，对山东解放区发起大规模进攻。在陈毅、粟裕等指挥下，华东野战军诱敌深入，抓住战机，于5月中旬在孟良崮战役中全歼国民党军五大主力之一的整编74师三万余人，国民党军的重点进攻也被打破了。

1946年6月到1947年5月，中国共产党领导的人民军队为什么能够先后粉碎国民党军的全面进攻和重点进攻？

战略反攻和土地革命

1947年6月，中共中央决定实行战略转移。刘伯承、邓小平率领晋冀鲁豫解放军主力部队战胜数十万敌人的围追堵截，经过20多天的艰苦跋涉和激烈战斗，先后越过陇海路、黄泛区，渡过黄河，胜利到达大别山区，揭开了战略反攻的序幕。在刘伯承、邓小平的指挥下，我军机动灵活地在运动中歼灭敌人。在两个月的时间里，共歼敌3万余人。

在刘邓大军挺进大别山的同时，陈赓、谢富治率领晋冀鲁豫解放军一部进攻豫陕鄂地区，向河南西部挺进，歼敌5万余人，调动了敌军8个旅的兵力，在大别山以西有力地配合了刘邓大军的作战。陈毅、粟裕率领华东解放军主力进攻豫皖苏地区，在3个月的时间里，歼敌2万余人，调动了敌军15个旅的兵力，其中包括准备用于进攻大别山的八个旅，打乱了敌人的军事部署，在刘邓大军以北扩大了解放区。三路大军互相配合，直插敌人的心脏，威胁国民党统治的中心南京和武汉。

其他解放区也转入反攻，聂荣臻率领华北解放军解放了石家庄，林彪、罗荣桓指挥东北解放军解放了东北大片土地，彭德怀、贺龙指挥西北解放军收复了延安。人民解放军的战略反攻，大量消灭了敌人的有生力量，对扭转全国战局起了决定性作用，是人民解放战争走向胜利的转折点。

与解放军发动的战略反攻相配合，1947 年，中国共产党在河北省建平县西柏坡村召开全国土地会议，制定了彻底实行土地改革的《中国土地法大纲》，大纲规定：没收地主土地，废除封建剥削的土地制度，实行耕者有其田的土地制度，按农村人口平均分配土地。在这个大纲的指引下，土地改革运动在解放区广大农村迅速掀起。

随着解放战争的胜利进行，解放区不断扩大。经过一年多的斗争，解放区已在有 1.45 亿农业人口的地区实行了土地改革，做到了耕者有其田。占全国面积约三分之一的东北、华北等老解放区已基本完成土地改革，消灭了封建剥削制度。土地改革运动使广大农民在政治上、经济上翻了身，大大解放了生产力。华北和东北解放区有 200 多万青壮年农民参军。解放区农民还建立民兵组织，配合解放军作战。山东解放区、冀中解放区的广大农民随解放军出征，抬担架、送粮草、运弹药、救伤员。农民的支持，成为解放战争取得胜利的重要保证。

《中国土地法大纲》被抄写在墙上，向农民广泛宣传

全党必须明白，土地制度的彻底改革，是现阶段中国革命的一项基本任务。如果我们能够普遍地彻底地解决土地问题，我们就获得了足以战胜敌人的最基本条件。

——《毛泽东选集》第四卷，1148页，北京，人民出版社，1967。

我军第二年作战的基本任务是：举行全国性的反攻，即以主力打到外线去，将战争引向国民党区域，在外线大量歼灭敌人……。我军第二年作战的部分任务是：以一部分主力部队和地方部队，继续在内线作战，歼灭内线敌人，收复失地。

——《毛泽东选集》第四卷，126页，北京，人民出版社，1967。

人民解放军的主力已经打到国民党统治区域里去了。……这是一个历史的转折点。这是蒋介石的二十年反革命统治由发展到消灭的转折点。这是一百多年以来的帝国主义在中国的统治由发展到消灭的转折点。这是一个伟大的事实……这个事实一经发生，它就将必然地走向全国的胜利。

——《毛泽东选集》第四卷，140页，北京，人民出版社，1967。

解放战争时期，中国共产党领导的解放区土地革命，具有怎样的历史意义？

二、风雨下钟山

1948年9月至1949年2月，人民解放军取得了三大战役的胜利，消灭了国民党的主力，解放了长江以北的广大地区。国民党拒绝在和平协定上签字，人民解放军发动了渡江战役，占领南京，宣告了国民党反动统治的覆灭。人民解放战争取得了伟大的胜利。

战略大决战

1948年秋，敌我力量对比发生了重大变化，人民解放军已发展到280万人。解放区基本完成了土地改革，广大人民积极支援解放战争。国民党军队只能防守一些战略要地。蒋介石坚持实行独裁统治和国民党一党专政，积极发动内战，引起了全国人民的反对。国统区掀起了反对国民党统治的人民民主运动，国民政府处境十分孤立。中共中央认为战略决战的时机已经成熟，人民解放军相继发动了辽沈、淮海、平津三大战役。

1948年9月，东北野战军在司令员林彪、政委罗荣桓指挥下，发动了辽沈战役。中国人民解放军以主力南下，扫清锦州外围之敌，迅速攻占锦州，切断了国民党军从陆上逃往关内的道路。被困在长春的守敌，一部分起义，一部分投诚，长春解放。11月初，解放军乘胜攻占沈阳、营口等地。至此，辽沈战役结束，共歼国民党47万余人，解放了东北全境，为解放平津和整个华北创造了有利条件。

1948年11月至1949年1月，刘伯承、陈毅、邓小平、粟裕、谭震林等指挥华东野战军和中原野战军发动了淮海战役。解放军在徐州以东，碾庄圩地区全歼黄百韬兵团。在徐州南双堆集地区歼灭黄维兵团。在青龙集、陈官庄地区全歼杜聿明集团。淮海战役共歼灭国民党军队55.5万人，解放了长江中、下游以北的广大地区，国民党统治中心南京已处在解放军的直接威胁之下。

1948年11月，林彪、罗荣桓、聂荣臻等指挥东北、华北野战军发起了平津战役，把国民党军队分割包围在北平、天津、张家口、新保安、塘沽五个孤立据点。解放军先后解放了新保安、张家口和天津，切断了北平20万余国民党军西逃和海上逃跑的道路。1949年年初，经过多方工作，傅作义率所部接受和平改编，解放军进入古都，北平宣告和平解放。平津战役共歼灭和改编国民党军队52万余人，基本上解放了华北地区。

三大战役共歼灭和改编国民党军队154万余人，基本摧毁了国民党政府的主要军事力量。三大战役的胜利，为中国革命的最后胜利奠定了基础。

几十万，民工走不通。骏马高车送粮食，随军旋转逐西东。前线争立功。
担架队，几夜不曾睡。稳步轻行问伤病：同志带花最高贵，疼痛可减退？
吉普车，美蒋运输来。闪闪电灯红胜火，轰轰摩托吼如雷。夜夜送千回。
老战士，几年久从容。拥政爱民做模范，军政学习做先锋。杀敌气如虹。
新战士，队列长又长。谡谡军装何整肃，昂头阔步挺胸膛。杀敌志如钢。
新同志，解放最开怀。诉苦从头难进说，壮丁远处被抓来。共打蒋独裁。

——陈毅、陈昊苏：《陈毅诗词全集》，216页，北京，华夏出版社，1993。

三大战役中，国民党军队为什么由强转弱，逃不掉失败的命运？人民解放军为什么由弱变强，取得了决定性胜利？

渡江战役和南京政府的覆亡

由于国民党在三大战役中的大溃败，蒋介石为挽回败局，于1949年元旦发出求和文告，提出要以保留国民政府现行宪法、国民党军队等五项内容作为和谈条件。

为揭露蒋介石假和平的阴谋，毛泽东先后发表了新年献词《将革命进行到底》和《关于时局的声明》，尖锐地指出蒋介石要确保其宪法和军队是继续战争的条件，不是和平的条件。虽然中国人民解放军完全能够消灭国民党反动分子的残余力量，但为了迅速结束战争，实行真正的和平，减少人民的痛苦，共产党愿意在八项条件的基础上进行和平谈判。新年献词和声明的发表使中国共产党掌握了与国民党斗争的主动权。

4月1日，以张治中为首的南京国民政府代表团与中国共产党代表团开始和谈，双方拟定了《国内和平协定（最后修正案）》，内容包括：惩办战争罪犯；废除伪宪法；废除伪法统；依据民主原则改编一切反动军队；没收官僚资本；改革土地制度；废除卖国条约；召开没有反动分子参加的政治协商会议，成立民主联合政府，接收南京国民党反动政府及其所属各级政府的一切权利。

4月20日，南京国民政府代表团在蒋介石的授意下拒绝在和平协定上签字，导致谈判破裂。北平和平谈判揭穿了国民党假和谈的阴谋，宣传了中国共产党将革命进行到底的基本立场，深刻地教育了人民。

中共中央在与国民党举行和平谈判的同时，决定由刘伯承、陈毅、邓小平、粟裕、谭震林组成渡江战役总前委，邓小平为书记统一指挥参战部队。和谈破裂后，1949年4月21日，中国人民革命军事委员会主席毛泽东和中国人民解放军总司令朱德发出向全国进军的命令。人民解放军百万雄师按照预定部署在西起九江，东至江阴，长达500多千米的战线上，发动了渡江战役，迅速摧垮了蒋介石集团苦心经营3个多月的长江防线。23日，人民解放军占领南京，国民党政权的反动统治宣告覆灭。渡江战役历时 42 天，共歼灭国民党军队 43 万多人，解放了杭州、上海、南京、武汉等大城市。这一胜利，加速了全国的解放。

> 而蒋军之所以全军覆没，固然是由于它本身腐朽，指挥机构无能，可是最重要的原因之一，则是蒋军丧尽民心。在淮海战役之始，徐州附近人民对于蒋军实行了严密封锁，蒋军的特务只能派出，无法返回。徐州四周密布的特务电台完全失了作用，甚至有许多地区人 民以虚报实，或以实报虚，迷惑蒋军。
>
> ——全国政协文史和学习委员会编：《淮海战役亲历记》，16 页，北京，中国文史出版社，2012。

南京政府的覆亡的原因有哪些？

新民主主义革命的胜利

中国新民主主义革命推翻了帝国主义、封建主义和官僚资本主义三座大山的压迫。

中国新民主主义革命的胜利，标志着一百多年来帝国主义同封建统治者勾结起来奴役中国各族人民历史的结束，中国人民从此站立起来，成为国家、社会的主人。中华民族以崭新的姿态屹立于世界民族之林，中国历史开始了新的纪元。

中国新民主主义革命的胜利，从根本上改变了中国社会的发展方向，为由新民主主义转变到社会主义，为实现国家富强和人民幸福，实现中华民族的伟大复兴创造了必要的前提。

中国新民主主义革命的胜利，是继十月社会主义革命和世界反法西斯战争胜利之后世界历史中最重大的事件。它在一个人口占全人类近四分之一的大国里，冲破帝国主义的东方战线，极大地改变了世界政治格局，壮大了世界和平、民主和社会主义的力量，鼓舞了世界被压迫民族和人民争取解放的斗争。

中国新民主主义革命的胜利，是马克思主义在中国的胜利，中国共产党创造性地运用马克思列宁主义的基本原理，把它同中国革命的具体实践结合起来，找到了夺取中国革命胜利的正确道路，形成了伟大的毛泽东思想，这对马克思列宁主义的发展是一个重大的贡献。

一个有纪律的，有马克思列宁主义的理论武装的，采取自我批评方法的，联系人民群众的党，一个由这样的党领导的军队。一个由这样的党领导的各革命阶级各革命派别的统一战线。这三件是我们战胜敌人的主要武器。依靠这三件，使我们取得了基本的胜利。

假如没有苏联的存在……假如没有各人民民主国家的出现，假如没有东方各被压迫民族正在起来斗争……假如没有这一切的综合，那么，堆在我们头上的国际反动势力必定比现在不知要大多少倍。在这种情形下，我们能够胜利吗？显然是不能的。胜利了，要巩固，也不可能。

——教育部社会科学研究与思想政治工作司组编：《毛泽东思想基本著作选读》，232、236～237页，北京，人民出版社，2001。

中国共产党成立以后，领导中国人民经过28年艰苦卓绝的斗争，取得了新民主主义革命的胜利，对此，你有何感悟和体会？

第十三章
开国与创业

导读

中华人民共和国成立后，中国共产党领导全国各族人民，通过三年的努力，基本完成土地制度改革和其他民主改革，恢复了国民经济，建立了各级人民政权，建立健全了人民民主专政的国家制度，并取得抗美援朝战争的胜利。1956年，第一个五年计划和社会主义“三大改造”的基本完成，标志着社会主义基本制度的初步确立，为以后中国社会的进步和发展奠定了坚实的基础。

一、中华人民共和国诞生和人民政权的巩固

1949年，中华人民共和国的成立标志着中国的历史进入了一个新纪元。中华人民共和国成立后，对内要继续完成民主革命遗留任务，对外面对美帝国主义的挑衅，必须给予坚决的回击。建立政权难，巩固政权的任务更加艰巨。

《共同纲领》和开国大典

随着解放战争顺利进行，1949年1月30日，北平和平解放。6月15日，新政治协商会议筹备会在北平开幕，共有134名参会代表。

同年9月21日，中国人民政治协商会议第一届全体会议在北平隆重举行，参加会议的有46个单位的代表共662人。会议通过了《中国人民政治协商会议共同纲领》《中国人民政治协商会议组织法》等

文件及有关国旗、国歌、首都、纪年等决议，选举了中国人民政治协商会议第一届全国委员会的委员。这标志着中国人民政治协商会议的正式成立。

《共同纲领》明确规定了中华人民共和国的国体——工人阶级领导的、以工农联盟为基础的人民民主专政，政体——人民代表大会制度，政党制度——中国共产党领导的多党合作和政治协商制度，实行民族区域自治制度。

中华人民共和国为新民主主义即人民民主主义的国家，实行工人阶级领导的、以工农联盟为基础的、团结各民主阶级和国内各民族的人民民主专政，反对帝国主义、封建主义和官僚资本主义，为中国的独立、民主、和平、统一和富强而奋斗。

——《共同纲领》总纲

中华人民共和国成立前夜，召开的中国人民政治协商会议第一届全体会议具有怎样的历史和现实意义？

10 月 1 日下午 2 时，中央人民政府委员会举行第一次会议。中央人民政府主席毛泽东等 56 名中央人民政府委员会委员宣布就职。

会议宣布中华人民共和国中央人民政府成立，接受《中国人民政治协商会议共同纲领》为施政方针，任命周恩来为中央人民政府政务院总理兼外交部部长，毛泽东为中央人民政府人民革命军事委员会主席，朱德为人民解放军总司令，沈钧儒为中央人民政府最高人民法院院长，罗荣桓为中央人民政府最高检察署检察长。

下午 3 时，北京 30 万军民在天安门广场隆重举行开国大典。毛泽东向全世界庄严宣告：“中华人民共和国中央人民政府今天成立了！”并举行盛大阅兵式。

中华人民共和国的成立，标志着中国人民被帝国主义奴役历史的结束，也标志着广大劳动人民被剥削、被统治的历史的终结。中国人民从此站起来了。

抗美援朝

1950 年 6 月 25 日，朝鲜内战爆发，美国从其称霸全球战略出发，立即出兵干涉朝鲜内政，把战火烧到中朝边境，并派第七舰队侵入台湾海峡，严重威胁中国安全。为了中国东北边境的安全和维护东亚地区和平，1950 年 10 月，中共中央做出抗美援朝、保家卫国的英明决策，派遣以彭德怀为司令员的中国人民志愿军开赴朝鲜，进行了伟大的抗美援朝战争。

从 1950 年 10 月到 1951 年 6 月的 8 个月的时间里，中国人民志愿军与朝鲜人民军相互合作，奋勇善战，接连进行了五次大的战役，消灭敌人 23 万余人，并把以美国为首的“联合国军”打回到三八线附近，逼迫美国同意进行停战谈判。

与此同时，一场抗美援朝运动在国内轰轰烈烈地展开了。这有力地支援了志愿军在战场上作战，也极大地激发了全国人民的爱国主义热忱。在此后两年中，中朝两国人民军队并肩作战，以打促谈。1953 年 7 月 27 日，美军被迫在停战协定上签字。

《朝鲜停战协定》签字仪式

中国赢得了抗美援朝的伟大胜利，具有非常重要的意义。它保卫了中国的边境安全，为中华人民共和国赢得了长期的和平环境，奠定了新中国在亚洲和国际事务中的地位，提高了中国人民的民族自信心和民族自豪感，一扫中国近代以来的历史耻辱，极大地提高了中国共产党在全国人民心目中的威信。

从中国人在整个朝鲜战争期间显示出来的强大攻势和防御能力中，美国及其盟国已经清楚地看出，共产党中国已成为一个可怕的敌人，它再也不是第二次世界大战时的那个软弱无能的国家了。由于共产党中国有取之不尽的人力资源和坚强有力的领导，因此它在朝鲜战场上赢得了自己的盛誉，而且看来会成为远东与太平洋地区共产党的领袖。

——［美］沃尔特·G. 赫姆斯：《朝鲜战争中的美军陆军》第一卷，565 页，北京，国防大学出版社，1988。

中华人民共和国为什么要进行抗美援朝战争？抗美援朝战争的胜利，对中华人民共和国国际地位的确立有怎样意义？

土地改革和巩固政权的措施

解放战争时期，在老解放区进行了土地改革，封建剥削制度得以消灭，耕者有其田的目标也得以实现。中华人民共和国成立后，按照《共同纲领》的规定，国家要“有步骤地将封建半封建的土地所有制改变为农民的土地所有制”。

1950 年 1 月，中共中央下达关于开展土改运动的指示，要求在新解放区做好分批实施土地改革的准备工作。6 月 30 日，《中华人民共和国土地改革法》通过并颁布实施，其中规定土地改革是为了“废除地主阶级封建剥削的土地所有制，实行农民的土地所有制，借以解放农村生产力，发展农业生产，为新中国的工业化开辟道路。”

从 1950 年冬季开始，土地改革运动在广大新解放区有领导、有步骤、分阶段地展开。至 1952 年 9 月，除一部分少数民族地区外，我国大陆普遍实行了土地改革。封建土地所有制被彻底消灭，农民真正翻身做了主人。土地改革是中国几千年来土地制度史上一次最重大、最彻底的改革。

中华人民共和国成立后，人民解放战争继续进行，于 1950 年 6 月消灭了盘踞在西南、华南和沿海一些岛屿的一百多万国民党军队，并于 1951 年 10 月和平解放西藏，实现了除台湾及其附近岛屿外的国土统一。

中华人民共和国成立之初，大量反革命分子、国民党派遣特务等潜伏在各地。他们伺机进行破坏活动，妄图阻挠中华人民共和国的建设工作。对此，从 1950 年 10 月 10 日起，中共中央领导全国人民开展了两年多的镇压反革命运动并取得了重大胜利。国民党遗留大陆的反革命残余势力得到了清除，特务、会道门等反动组织也得到了肃清。中华人民共和国政权更加巩固，土地改革和经济恢复也得以顺利进行。

利用封建会道门，进行反革命活动者，处死刑或无期徒刑；其情节较轻者处三年以上徒刑。

——中央人民政府于 1951 年 2 月公布《惩治反革命条例》第八条

废除封建性及半封建性剥削的土地制度，实行耕者有其田的土地制度。废除一切地主的土地所有权。

废除一切祠堂、庙宇、寺院、学校、机关及团体的土地所有权。

废除一切乡村中在土地制度改革以前的债务（中共中央注：本条所称应予废除之债务，系指土地改革前劳动人民所欠地主富农高利贷者的高利贷债务）。

——1949 年《中国土地法大纲》

作为一个古老的农业大国，通过土地改革，实行“耕者有其田”的土地制度，具有怎样的现实意义？

二、向社会主义过渡

中华人民共和国成立之初，经济形势十分严峻。为了实现国民经济基本好转，中央人民政府没收官僚资本，建立具有社会主义性质的国营经济，稳定了物价，统一了财经，合理调整了工商业等。国民经济基本好转的目标到 1952 年年底得以实现。1953 年，过渡时期总路线和总任务提出。1956 年，社会主义改造基本完成，实现了向社会主义过渡。

国民经济的恢复和向社会主义过渡的展开

近代以来，中国长期遭受着帝国主义、封建主义和官僚资本主义的三重压迫。由于多年的战争破坏，中华人民共和国成立之初，国家的工业基础极为薄弱，物价飞涨，投机猖獗，人民生活困苦，财政经济面临严重困难。

1950 年 6 月 6—9 日，中共中央七届三中全会在北京召开。会议提出争取在三年左右时间里恢复国民经济的中心任务。

中国共产党和人民政府通过没收帝国主义在华企业和官僚资本，建立社会主义国营经济，打击投机倒把，加强市场管理，稳定市场物价，实现了财政收支平衡。中国共产党仅用短短三年的时间，就实现了国家财政经济取得根本好转的目标，这为国家开展有计划的经济建设并向社会主义过渡准备了条件。

中华人民共和国的民主政治建设

中华人民共和国成立初期，全国人民代表大会的职权由中国人民政治协商会议第一届全体会议代行。国民经济经过三年的恢复，人民民主专政已经巩固，实行人民代表大会制度条件已经成熟。

1954 年 9 月，第一届全国人民代表大会第一次会议在北京隆重举行并通过了《中华人民共和国宪法》。依据宪法选举了毛泽东任国家主席、朱德任副主席，刘少奇任人大常委会委员长。

《中华人民共和国宪法》规定，中华人民共和国是工人阶级领导的、以工农联盟为基础的人民民主国家，我国的根本政治制度是人民代表大会制。宪法还规定了人民的权利和义务。

作为中国第一部社会主义类型的宪法，《中华人民共和国宪法》反映和体现了全体人民的根本意志和整体利益，既体现了人民民主原则，又体现了社会主义原则，得到了全体人民的拥护。

一个团体要有一个章程，一个国家也要有一个章程，宪法就是一个章程，是我国的根本大法，用宪法的形式把人民民主和社会主义原则固定下来，使全国人民有一条清楚的轨道，使全国人民感到有一条清楚明确的道路可走，就可以提高全国人民的积极性。

——中共中央文献研究室编：《建国以来重要文献选编》第五册，253 页，北京，中央文献出版社，2011。

《中华人民共和国宪法》书影

在新民主主义革命时期，许多民主党派就与中国共产党密切合作，为新民主主义革命的胜利做出了重要贡献。1949年举行的中国人民政治协商会议，在讨论《共同纲领》时，针对有的民主党派宣布解散，党内也有人认为民主党派没有存在必要的问题，中国共产党坚持保留了八个民主党派，初步建立了中国共产党领导的多党合作和政治协商制度，为恢复和发展我国国民经济、巩固新生的人民政权发挥重大作用。

1954年，第一届全国人民代表大会召开后，中国人民政治协商会议代行人大职权的任务已经结束，但中国人民政治协商会议作为民主协商机构和统一战线组织，继续在国家政治生活和社会生活中开展了卓有成效的工作。

在这一制度中，中国共产党是执政党，各民主党派是参政党，主要是参政议政、民主协商。这种新型政党关系，充分体现了我国政治制度和政党制度的特点和优势。

中国自古以来就是一个统一的多民族国家，在少数民族地区实行区域自治是中国共产党处理民族关系的一项基本政治制度。

早在1946年，在陕甘宁边区就曾先后建立过民族自治区。1947年，内蒙古自治区成立，这是我国第一个省级自治区。1952年，《民族区域自治实施纲要》制定并实施，有力保障了民族区域自治制度。

中华人民共和国成立后相继成立了四个自治区。到20世纪90年代初，全国已建立了5

我国民族自治区成立时间表

时　间	自治区
1947年5月	内蒙古自治区
1955年10月	新疆维吾尔自治区
1958年3月	广西壮族自治区
1958年10月	宁夏回族自治区
1965年9月	西藏自治区

个省级自治区，30 个自治州，127 个自治县（旗）。

民族区域自治制度确保了各民族间的平等，加强了各民族间的团结，有力保障了祖国的统一，增强了中华民族的凝聚力和向心力。

中华人民共和国成立后，制定和实施的民族区域自治制度具有哪些创新？对维护国家统一和民族团结具有怎样的现实意义？

社会主义改造的基本完成

随着国民经济的基本恢复，国营经济和合作社经济占据了领导地位。中国的主要矛盾也变为了工人阶级与民族资产阶级的矛盾。因此，对生产资料私有制进行社会主义改造，从而完成向社会主义过渡成为大势所趋。

1953 年 9 月 25 日，《人民日报》正式公布了由毛泽东代表党中央提出的过渡时期总路线：“从中华人民共和国成立，到社会主义改造基本完成，这是一个过渡时期。党在这个过渡时期的总路线和总任务，是要在一个相当长的时间内，基本上实现国家工业化和对农业、手工业和资本主义工商业的社会主义改造。”

按照过渡时期总路线的要求，党中央颁发了一系列的决议，规定了对农业、手工业和资本主义工商业社会主义改造的路线、方针和政策。

到 1956 年年底，农业、手工业的社会主义改造在通过由初级到高级逐步过渡的方式基本完成，全国加入合作社的农户达 96.3%。参加手工业合作的人数已占全国手工业从业人数的 91.7%。

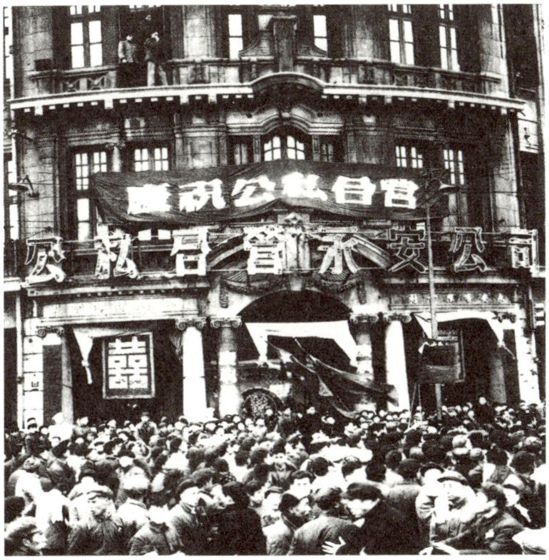

上海实行公私合营后的第一个早晨，人们在永安公司门前祝贺

“三大改造”的顺利完成标志着社会主义基本制度在我

国初步确立。我国进入了社会主义初级阶段。

1954年8月27日，同仁堂召开公私合营大会，迈入社会主义的大门。同仁堂内部建立健全了党、政、工、团组织，建立新式管理制度，破除了不适应生产力发展的经营方式。国家还投资扩建厂房，增添生产设备，彻底摆脱了手工作坊式的生产模式，简单的手工操作逐渐被机械化、半机械化的设备所替代，促进生产迅速发展。

1959年与1948年相比，职工人数由190人增加到539人，增长2.4倍；产值由16万元增加到1251.9万元，增长73.8倍；各类药品产量都有巨大增长。

——张友新：《国宝同仁堂》，45～47页，北京，中国商业出版社，2001。

中华人民共和国成立后，建立了符合中国国情的人民代表大会制度、共产党领导的多党合作和政治协商制度、民族区域自治制度等政治制度，以及公有制为主体的经济制度，有利于调动各方面积极性，解放和发展生产力，有利于维护民族团结、社会稳定和国家统一，为实现国家繁荣富强和人民共同富裕奠定了十分重要的制度基础。

中华人民共和国成立以后，在民主政治建设方面有哪些创新？民主政治建设对中国社会主义建设有怎样的重要意义？

第十四章
在探索中艰难前进

导读

社会主义“三大改造”完成以后，中国共产党领导中国人民掀起了社会主义建设的热潮。在20多年中，中国人民艰苦奋斗，取得了举世瞩目的成就。但是，由于缺乏经验，对困难估计不足，加上国内国际形势复杂变化的影响，也出现了一些失误。这些都成为中国共产党领导中国社会主义继续前进的动力和宝贵经验。

一、 建设成就和曲折发展

社会主义“三大改造”完成以后，1956年，中国共产党召开第八次全国代表大会，做出全面建设社会主义的重大决策。随后，社会主义建设全面展开，在取得一系列成就的同时，也出现了失误。“文化大革命”的发动，使中国面临严峻的考验。

中共八大召开

随着社会主义改造的不断向前推进，如何在中国建设社会主义是全党和全国人民面临的新课题。为了明确方向，统一思想，1956年5月，毛泽东在进行调查研究后，向最高国务会议做了《论十大关系》的报告，论述了经济和政治工作中的十个重大问题。《论十大关系》提出“要调动一切直接的和间接的力量，为把我国建设成为一个强大的社会主义国家而奋斗”，奠定了中国共产党进行社会主义建设的指导思想。

最近苏联方面暴露了他们在建设社会主义过程中的一些缺点和错误，他们走过的弯路，你还想走？过去我们就是鉴于他们的经验教训，少走了一些弯路，现在当然更要引以为戒。

我们要学的是属于普遍真理的东西，并且学习一定要与中国实际相结合。如果每句话，包括马克思的话，都要照搬，那就不得了。我们的理论，是马克思列宁主义的普遍真理同中国革命的具体实践结合。

——教育部社会科学研究与思想政治工作司组编：《毛泽东思想基本著作选读》，320 页，北京，人民出版社，2001。

1956 年 9 月，中国共产党召开了第八次全国代表大会。大会深入分析了国内形势和国内主要矛盾的变化，指出社会主义改造基本完成后，“我国的无产阶级同资产阶级之间的矛盾已经基本解决”，党和国家的工作重心要转移到经济建设上来的战略决策；确定了党和全国人民当前的主要任务是集中力量，使中国尽快地由落后的农业国转变为先进的工业国。

1956 年 9 月 15—27 日，中国共产党第八次全国代表大会召开

中共八大的召开，对即将开展的社会主义建设具有怎样的指导意义？

艰难的探索

1958年5月，中共召开了八大二次会议。会议认为，在全国范围内已经出现了“大跃进”。根据毛泽东的倡议，会议制定了“鼓足干劲、力争上游、多快好省地建设社会主义”的总路线。总路线的提出，一方面反映了党和人民迫切改变国家落后面貌的普遍愿望，另一方面却忽视客观的经济规律，过分夸大了人的主观意志和努力的作用。会后，全国范围内掀起了“大跃进”运动。

在“大跃进”运动不断高涨的形势下，1958年8月，中共中央在北戴河召开了政治局扩大会议。会议乐观地认为，农业和粮食问题已经基本解决，全党的工作重心应当转移到工业方面来。会议要求1958年钢产量要比1957年翻一番，同时决定在全国农村建立人民公社。

人民公社这个事情是人民群众自发的，不是我们提倡的。因为我们提倡不断革命，破除迷信，敢想、敢说、敢做，群众就干起来了。不仅南京会议没有料到，成都会议也没有料到，八大二次会议也没有料到。

——中共中央文献研究室编：《毛泽东年谱（1849—1976）》，424页，北京，中央文献出版社，2013。

违背客观发展规律的“大跃进”和人民公社化运动造成的危害，很快就在国民经济的运行中显现出来。与此同时，中苏关系不断恶化，苏联取消了对中国的援助，撤走了在华专家。1959年，中国许多地区发生了十年未遇的旱灾，粮食大幅度减产。中国了进入严重的困难时期。

面对严峻的形势，中共中央和毛泽东经过调查研究，制定了对国民经济实行“调整、巩固、充实、提高”的八字方针，开始对国民经济及各个领域的工作进行全面的调整，从1962年起，困难的局面开始扭转，国民经济得到恢复和发展。到1965年，调整目标陆续实现，国民经济的调整工作基本完成。

20世纪50年代到60年代，在国内进行社会主义建设探索的时间里，国际风云变幻，中苏关系不断恶化。毛泽东对国内外形势做了错误的判断，认为国内阶级斗争形势日益严重，有必要发动一场“革命”，以防止中国出现“资本主义复辟”。

1966 年 5 月，中共中央政治局召开了扩大会议，会议通过了毛泽东多次修改的《中国共产党中央委员会通知》，标志着“文化大革命”正式发动。

1971 年，林彪反革命集团被粉碎以后，周恩来在毛泽东支持下主持中央日常工作。1975 年，邓小平接替病重的周恩来主持中央日常工作，继续深化全面整顿，国民经济出现明显好转。由于“四人帮”的极力阻挠，全面整顿被迫中断，邓小平遭受到错误批判。国民经济又陷入了混乱状态。1976 年 10 月，华国锋、叶剑英代表中央政治局，采取断然措施，粉碎了江青反革命集团，结束了“文化大革命”。

社会主义建设的成就

20 世纪 50 年代到 70 年代，中国的社会主义建设历经曲折，遇到了许多困难，但仍然取得了很大成就。

工业方面，经过十年努力，到 1966 年，我国初步建成具有相当规模和一定技术水平的工业体系。其中，电力工业在全国大部分地区建成电网；煤炭工业、冶金工业经过调整，有了大幅度发展；机械工业已形成相对配套生产能力；交通运输、石油和石油化工也有了长足进步。这一时期，电子、原子能、航天等新兴工业从无到有，从小到大，逐步发展起来，成为提升中国综合国力的重要部门。

科学技术方面的成绩也十分显著。1965 年，我国首次完成人工合成牛胰岛素，这项研究处于世界领先地位。从 20 世纪 50 年代后期开始，经过改良育成的抗锈力强、亩产量高的小麦品种，大面积推广，取得了良好的效益。1973 年，我国在世界上首次培育成功籼型杂交水稻。

1957 年到 1965 年，我国新建、扩建了著名的十大钢铁厂，包括武汉钢铁厂、包头钢铁厂两大内地钢铁基地在十年中建成、战略大后方的钢铁基地攀枝花钢铁厂开始建设、我国最大的钢铁基地鞍山钢铁厂这一时期得到扩建。同时，还有一批重要的有色金属冶炼厂、几十个煤炭企业和发电厂。这些新建、扩建的企业，对我国工业建设的布局起到了奠基作用。

1958年到1965年，全国新增营运铁路里程7000多千米。随着包兰、兰青、兰新，川黔、桂黔等铁路建成通车，成昆、贵昆、湘黔、湘桂等铁路相继开工建设，铁路线不断延展，全国铁路网逐步形成，铁路运输在国民经济发展中起着不可替代的作用。

由于我们党领导社会主义事业的经验不多，党的领导对形势的分析和对国情的认识有主观主义的偏差，“文化大革命”前就有过把阶级斗争扩大化和在经济建设上急躁冒进的错误。后来，又发生了“文化大革命”这样全局性的、长时间的严重错误。这就使得我们没有取得本来应该取得的更大成就。忽视错误、掩盖错误是不允许的，这本身就是错误，而且将招致更多更大的错误。但是，三十二年来我们取得的成就还是主要的，忽视或否认我们的成就，忽视或否认取得这些成就的成功经验，同样是严重的错误。

——《建国以来党的若干历史问题的决议》，见中共中央文献研究室编：《三中全会以来重要文献选编（下）》，797～798页，北京，人民出版社，1982。

我们应当怎样认识中华人民共和国在探索中前进的历程，如何对其做出全面、客观、公正的评价?

二、中国人民艰苦奋斗的精神风貌

中华人民共和国成立后，中国人民用自己的双手，开始了建设家园、改变国家一穷二白面貌的伟大征程。在中国共产党领导下，中国人民奋发向上，通过艰苦努力，取得了社会主义建设的成就。在这一过程中，涌现出了许多时代楷模。

自力更生、艰苦奋斗

中华人民共和国成立以后，为了尽快摆脱贫穷和落后，中国人民在社会主义建设过程中，坚持自力更生、艰苦奋斗，始终保持了奋进向上的精神风貌。

在农业建设中，河南林县人民为了摆脱贫困、解决干旱缺水问题，自力更生，用普通的工具，苦干十年，在重峦叠嶂的太行山中，开凿出了一条“人造天河”红旗渠，将漳河水引入林县。

位于太行山脉的山西昔阳县大寨，“七沟八梁一面坡”自然条件十分恶劣。在党支部的带领下，大寨人艰苦创业，用双手改变了贫瘠土地的面貌，把沟壑变成良田。

在工业建设中，这一时期开发和建设了大庆油田。1960 年 2 月，在中央统一领导和协调下，大庆地区展开了石油勘探大会战。那时候，大庆地区自然条件艰苦，工作环境恶劣，物质落后匮乏。数万名工人、退伍军人、科技人员和干部，以国家利益为重，从四面八方汇聚到大庆。他们不怕困难，公而忘私，奋勇拼搏，经过三年多的奋战，高速度、高水平地探明和建设了大庆油田，为中国经济建设奠定了重要的能源基础。

石油大会战誓师大会

20 世纪 20 年代，一些外国的学者认为中国是个贫油的国家。长期以来，中国依赖进口“洋油”。但是，中国的地质学家对“中国贫油论”并不认同。中华人民共和国成立以后，经过长期的论证和大量艰苦、细致的勘察工作，在建成新疆克拉玛依、甘肃玉门和青海冷湖 3 个石油工业基地后，1959 年 9 月，终于在东北的松辽盆地发现大庆油田。这些发现，为中华人民共和国石油工业的发展奠定了坚实的基础。

如何认识中华人民共和国石油勘探艰难起步的过程？从中可以得到怎样的启示？

在科学技术方面，经过广大科学技术人员的努力，“两弹一星”研制成功。中国科技人员在工作环境和生活条件极其困难的情况下，顶住压力，自力更生，克服重重障碍，先后研制成功导弹、原子弹。

1964 年 10 月 16 日，
中国第一颗原子弹爆炸成功

在以后更加曲折、艰难的岁月里，中国的科技人员又先后研制成功氢弹、核潜艇、人造地球卫星等。这些成就不仅打破了超级大国的核垄断和核讹诈，极大地提升了中国的国际地位，也为新时期中国尖端科学技术的高速发展奠定了坚实的基础。

1970 年 4 月 24 日，中国成功发射的第一颗人造地球卫星

时代楷模的涌现

雷锋是中国人民解放军原沈阳军区某部运输连班长，他是一个充满爱心、乐于助人的人。在生活中，雷锋把为人民服务当作习惯，处处为他人着想。他为素不相识的人购买火车票，帮助长途跋涉看望儿子的老人找到亲人，他默默地为群众做了许多好事。雷锋还是一个工

作认真、学习刻苦的人。在平凡的工作岗位上，他任劳任怨，刻苦钻研技术，以“甘当螺丝钉”的精神，兢兢业业地做好本职工作。1962年8月15日，雷锋不幸以身殉职，年仅22岁。毫不利己、专门利人的雷锋精神成为那个时代的一面旗帜。

王进喜

王进喜是一名石油钻井工人。在大庆油田会战时，他带领一支钻井队来到天寒地冻的油田工地。面对艰苦和困难，王进喜以高度的主人公责任感对待工作。当钻机运到时，吊车不够用，几十吨的设备怎么从车上卸下来？王进喜说：“咱们一刻也不能等，就是人拉肩扛也要把钻机运到井场。有条件要上，没有条件创造条件也要上。”他带领工人用滚杠加撬杠，靠双手和肩膀，奋战三天三夜，将38米高、22吨重的井架矗立在寒风凛冽的荒原上。一次，油井发生井喷，王进喜奋不顾身率先跳进泥浆池，与随后跳入池中的工人一起，用身体搅拌重晶石粉，堵住了井喷。

王进喜处处以身作则，吃苦在前，不计名利。他说：“我们工人阶级，就是要有雄心，现在我们吃点苦，流点汗，为的是快点把我们国家建设得更强大，只要国家有了油，咱们石油工人再苦再累也高兴”。王进喜被人们誉为“铁人”。

焦裕禄

焦裕禄是河南兰考县委书记。1962年，他到任时，兰考正遭受着严重的内涝、风沙和盐碱三害。焦裕禄坚持实事求是，带领全县干部和群众，投入与自然灾害的斗争中。

焦裕禄身患重病，依旧坚持工作。

在工作中，坚持以身作则。他顶着风沙，探查风口和流沙；冒着大雨察看洪水流势；迎着风雪，登门为困难群众送救济粮款。焦裕禄把群众同自然灾害斗争的宝贵经验积累起来，成为全县人民战胜灾害的共同财富。

1964 年 5 月 14 日，焦裕禄被肝癌夺去了生命，年仅 42 岁。他临终前对组织提出的唯一要求，就是“把我运回兰考，埋在沙堆上。活着我没有治好沙丘，死了也要看着你们把沙丘治好。”焦裕禄被誉为“党的好干部”“人民的好公仆”。

邓稼先

邓稼先是中国著名核物理学家。在学生时代，邓稼先积极参加抗日救亡运动。抗战胜利后，他投身于争取民主、反对国民党独裁统治的斗争。1947 年，邓稼先赴美国攻读学位。1950 年 8 月，邓稼先在美国获得博士学位九天后，便毅然回到了祖国。

1958 年以后，邓稼先长期隐姓埋名，参与和领导完成了中国第一颗原子弹的理论方案，并参与指导核试验前的爆轰模拟试验。原子弹试验成功后，邓稼先立即组织力量探索氢弹设计原理、选定技术途径，组织领导并亲自参与 1967 年中国第一颗氢弹的研制和试验工作。20 世纪 70 年代初以来，他在组织、领导、规划新的核武器工作方面付出了艰辛的劳动，是中国核武器理论杰出的奠基者。

1972 年，邓稼先担任核武器研究院副院长，1979 年又任院长。就在这一年的一次试验中，他的身体受到辐射影响，但仍坚持工作。1984 年，他在大漠深处指挥中国第二代新式核武器试验成功。1986 年 7 月 29 日，为中国的核武器事业耗尽了毕生精力的邓稼先逝世。

1949 年秋，中华人民共和国成立在即，正在国外的李四光，拒绝国民党政府的要求，于 1949 年 12 月启程，辗转回到祖国，并担任了中华人民共和国地质部第一任部长。

那时候，国外一些学者认为，中国是一个贫油国家。李四光以自己创立的地质力学为基础，运用力学的原理研究地壳运动现象，探索地质运动与矿产分布规律，进而分析我国的地质条件，提出了中国陆地一定有石油的理论。根据李四光的建议，中华人民共和国的石油勘探者们在松辽平原、华北平原开始了大规模的石油普查。从 20 世纪 50 年代后期至 60 年代，勘探部门相继在中国大地上找到了大庆油田、大港油田、胜利油田、华北油田等大油田。在国家建设急需能源的时候，这些油田的发现和开采，对中国的社会主义建设产生了巨大的推动作用。到 1965 年，国内需要的石油全部实现自给。从此，中国摘掉了“贫油”的帽子。

由于长期劳累，李四光晚年身体越来越差，但他还是以很大的热情和精力，投入到中国地震研究和预报工作。他运用地质力学的理论，深入分析地震形成和发展的原因，大胆提出地震是可以预报的见解。

20 世纪 50 年代至 70 年代，在中国社会主义道路探索过程中，中国人民意气风发，艰苦奋斗，涌现出了无数可歌可泣的英雄人物。前辈们当年艰苦创业的精神风貌，在今天的国家建设中具有怎样的重要意义？

第十五章 历史的转折和建设中国特色社会主义

导读

“文化大革命”结束以后，全国开展了真理标准问题的讨论。1978年，中国共产党十一届三中全会召开，标志着我国进入改革开放的新时期。在社会主义现代化建设中，中国特色社会主义理论体系逐步形成。同时，我国在各个领域取得了举世瞩目的成就，中国的国际地位不断提高。中共十八大以后，中国人民沿着中国特色社会主义道路，踏上了全面建设小康社会的新征程。

一、 思想解放与改革开放

真理标准问题的讨论促进了人们的思想解放。中共十一届三中全会做出了以经济建设为中心、实行改革开放的历史性决策。全会以后，农村改革、城市改革逐步展开，对外开放的新局面迅速形成，我国进入社会主义现代化建设的新时期。

真理标准问题的讨论

粉碎“四人帮”以后，人们迫切希望纠正“文化大革命”的错误，尽快使国家走上社会主义现代化建设的正确道路。但是，“两个凡是”方针的提出，为批判和纠正“文化大革命”错误设置了障碍。因此，澄清思想混乱，统一认识成为当时的迫切需要。

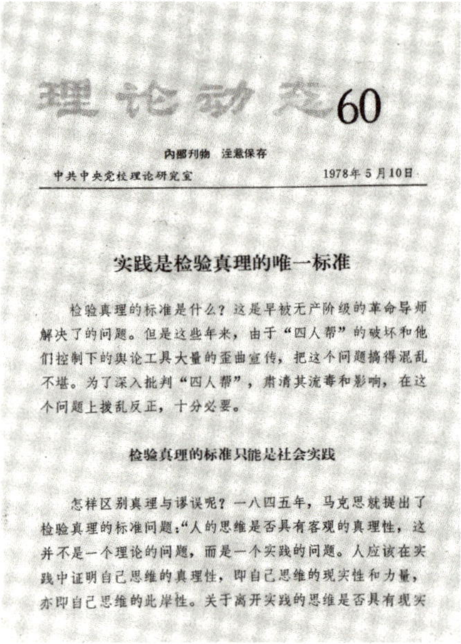

理论动态 60

内部刊物 注意保存

中共中央党校理论研究室 1978年5月10日

实践是检验真理的唯一标准

检验真理的标准是什么？这是早被无产阶级的革命导师解决了的问题。但是这些年来，由于“四人帮”的破坏和他们控制下的舆论工具大量的歪曲宣传，把这个问题搞得混乱不堪。为了深入批判“四人帮”，肃清其流毒和影响，在这个问题上拨乱反正，十分必要。

检验真理的标准只能是社会实践

怎样区别真理与谬误呢？一八四五年，马克思就提出了检验真理的标准问题：“人的思维是否具有客观的真理性，这并不是一个理论的问题，而是一个实践的问题。人应该在实践中证明自己思维的真理性，即自己思维的现实性和力量，亦即自己思维的此岸性。关于离开实践的思维是否具有现实

1978 年 5 月 10 日，《理论动态》刊发《实践是检验真理的唯一标准》一文

1978 年 5 月 10 日，中央党校内部刊物《理论动态》发表《实践是检验真理的唯一标准》一文。11 日，《光明日报》以特约评论员名义公开发表这篇文章，新华社向全国转发了这篇文章。12 日，《人民日报》和《解放军报》同时全文转载。13 日，又有多家省报转载。由此，一场关于真理标准问题的大讨论在全国展开。

邓小平、叶剑英、李先念等一批老同志支持真理标准问题的讨论。1978 年 6 月，邓小平在全军政治工作会议上指出：“实事求是，是毛泽东思想的出发点、根本点”“马克思主义的活的灵魂，就是具体地分析具体情况。马列主义、毛泽东思想如果不同实际情况相结合，就没有生命力了。”中央各部门、地方和军队的负责人相继发表文章或谈话，赞同实践是检验真理的唯一标准。

这一场大讨论，冲破了“两个凡是”的束缚，为重新确立马克思主义的思想路线、政治路线和组织路线奠定了思想基础。在这样的背景下，中国共产党召开了十一届三中全会。

一个党，一个国家，一个民族，如果一切从本本出发，思想僵化，迷信盛行，那它就不能前进，它的生机就停止了，就要亡党亡国。……从这个意义上说，关于真理问题的争论，的确是个思想路线问题，是个政治问题，是个关系到党和国家前途命运的问题。

——《邓小平文选》第二卷，143 页，北京，人民出版社，1994。

“文化大革命”结束后，关于真理标准问题讨论具有什么重要意义？这场大讨论为改革开放准备了怎样的条件？

十一届三中全会

1978 年 12 月 18—22 日，中国共产党第十一届中央委员会第三次全体会议在北京召开。会议的主要任务是确定把全党工作重点转移到社会主义现代化建设上来。全会高度评价了关于真理标准问题的讨论，确定了解放思想、开动脑筋、实事求是、团结一致向前看的指导方针；提出了改革开放的任务；讨论了民主法制问题；指出应该大力精简各级经济行政机构，按经济规律办事；强调了农业作为国民经济基础的作用；阐发了对外开放的方针和重视科学、教育的方针。

为了有效维护党规党法，切实搞好党风，全会决定恢复成立并选举产生中央纪律检查委员会，陈云任第一书记。全会以后，邓小平已经成为中共中央领导集体的核心。

中共十一届三中全会会场

中共十一届三中全会确定了新时期的主要任务，揭开了我国改革开放的序幕。结束了“文化大革命”后在徘徊中前进的局面，各领域的拨乱反正全面展开。中共十一届三中全会，是中华人民共和国成立以来社会主义探索中的一次伟大转折。

现在，我们实现了安定团结的政治局面，恢复和坚持了长时期行之有效的各项经济政策，又根据新的历史条件和实践经验，采取了一系列新的重大的经济措施，对经济管理体制和经营管理方法着手认真的改革，在自力更生的基础上积极发展同世界各国平等互利的经济合作，努力采用世界先进技术和先进设备，并大力加强实现现代化所必需的科学和教育工作。因此，我国经济建设必将重新高速度地、稳定地向前发展，这是毫无疑义的。

——《中国共产党第十一届中央委员会第三次全体会议公报》，6页，北京，人民出版社，1978。

中共十一届三中全会具有怎样的历史意义？全会解决了当时国家面临的哪些重大问题？

改革开放局面的初步形成

党的十一届三中全会以后，改革首先在农村取得突破。1978年，安徽、四川率先试行以包产到户、包干到户为主要形式的家庭联产承包责任制，受到了农民的普遍欢迎，提高了农民的劳动热情。

1978年夏秋之交，安徽遭遇大旱灾，6000多万亩农田受灾，秋种无法进行。面对严重灾情，中共安徽省委决定实行“借地度荒”政策，凡集体无法耕种的土地，可以借给社员种麦、种油菜，每人借三分地，并鼓励农民开荒多种，谁种谁收谁有，国家不征粮，不分统购任务。这一措施激发了广大农民的生产积极性，使全省超额完成了秋种计划，为推行包产到户、包干到户提供了契机和良好条件。

1980年9月，中共中央印发《关于进一步加强和完善农业生产责任制的几个问题》，肯定了各地建立的各种形式的农业生产责任制，家庭联产承包责任制在农村迅速推广。家庭联产承包责任制在全国的实行，对充分调动广发农民的积极性，促进农村生产力提高，加快农业现代化发展产生了重要的推动作用。

农村的改革促进了城市的改革，城市的经济体制改革是从改革经济管理体制、扩大基层单位自主权开始的。

1978年10月，四川首先选择了六家企业进行扩大企业自主权改革试点，得到中央的支持。1979年5月，国家经委等六部门在北京、天津、上海选择了八个企业进行试点。1979年7月，国务院发布了扩大国有工业企业经营管理自主权等五个文件，要求地方和部门再选择一些企业进行试点。1979年年底，试点企业扩大到4200个，1980年发展到6600个，扩大企业自主权的改革逐步推开，到1982年已经在全国普遍推行。

改革不断推进，对外开放也有了重大突破。1980年8月，经五届全国人大常委会审议批准，深圳、珠海、汕头、厦门经济特区正式建立。1984年5月，中共中央、国务院决定开放大连、秦皇岛、天津等14个沿海港口城市，逐步兴办经济技术开发区。1985年起，中共中央、国务院相继在长江三角洲、珠江三角洲、闽东南地区和环渤海地区开辟经济开放区，批准海南建省并成为经济特区。1990年，中共中央、国务院又做出开发、开放上海浦东的决定。

1992年，珲春、满洲里等陆地边境城市，九江、武汉、重庆等沿江城市和昆明、乌鲁木齐等内地省会（首府）城市，相继对外开放。至此，我国形成了经济特区—沿海开放城市——沿海经济开放区—内地全方位、多层次、点面结合的对外开放格局。

独立自主不是闭关自守，自力更生不是盲目排外。……任何一个民族、一个国家，都要学习别的民族、别的国家的长处，学习人家的先进科学技术。

——《邓小平文选（一九七五—一九八二年）》，88页，北京，人民出版社，1983。

在今后经济的调整和体制的改革中，实际上计划经济和市场调节这两种经济的比例的调整将占重要地位。不一定计划经济部分愈增加，市场调节部分所占绝对数额就愈缩小，可能是都相应地增加。

——《陈云文选（一九五六—一九八五年）》，223页，北京，人民出版社，1986。

历史发展到今天，我们回过头去看，党的十一届三中全会后，农村和城市的改革具有怎样的创新和突破意义？

二、中国特色社会主义道路

党的十一届三中全会以后，在我国社会主义现代化建设进程中，形成了中国特色社会主义理论体系。同时，中国的社会主义建设取得了巨大成就，综合国力不断增强，国际地位不断提高。历史证明，只有坚定地走中国特色社会主义道路，才能发展中国。

中国特色社会主义理论体系的形成

党的十一届三中全会后，随着我国社会主义现代化建设的逐步展开，中国共产党在认真总结国内外社会主义发展实践经验的基础上，深入分析我国基本国情和发展阶段，逐步探索和形成了一套关于社会主义建设、执政党建设和社会发展规律的理论体系，即中国特色社会主义理论体系。

1982 年 9 月，邓小平在中共十二大开幕词中指出，把马克思主义的普遍真理同我们的具体实际结合起来，走自己的道路，建设有中国特色的社会主义。1987 年 10 月，中共十三大指出，我国还处于社会主义初级阶段，明确了党在社会主义初级阶段“一个中心，两个基本点”的基本路线。1992 年 10 月，中共十四大提出必须用邓小平建设有中国特色社会主义的理论武装全党。1997 年，中共十五大正式提出了“邓小平理论”，奠定了中国特色社会主义理论的基础。

世纪之交，随着改革开放的深入，针对我国的社会发生的深刻变化，2000 年 2 月 25 日，江泽民提出了“三个代表”重要思想，即中国共产党始终代表着中国先进生产力的发展要求，代表着中国先进文化的前进方向，代表着中国广大人民的根本利益。

进入新世纪新阶段，通过科学判断国内外形势，2003 年 7 月 28 日，胡锦涛提出“坚持以人为本，树立全面、协调、可持续的发展观，促进经济社会和人的全面发展”的“科学发展观”。

2017 年 10 月 18 日，习近平提出“新时代中国特色社会主义思想”，实现了对马克思列宁主义、毛泽东思想、邓小平理论、“三个代表”重要思想、科学发展观的继承和发展。习近平新时代中国特色社会主义思想是马克思主义中国化的最新成果，是党和人民实践经验和集体智慧的结晶，是中国特色社会主义理论体系的重要组成部分，是全党全国人民为实现中华民族伟大复兴而奋斗的行动指南。

通过实践而发现真理，又通过实践而证实真理和发展真理。从感性认识而能动地发展到理性认识，又从理性认识而能动地指导革命实践，改造主观世界和客观世界。实践、认识、再实践、再认识，这种形式，循环往复以至无穷，而实践和认识之每一循环的内容，都比较地进到了高一级的程度。

——《毛泽东选集》，273 页，北京，人民出版社，1967。

中国共产党在领导中国人民建设中国特色社会主义的过程中，为什么能够极大地丰富和发展马克思主义？

综合国力的增强

党的十一届三中全会以来，特别是改革开放之后，我国经济、科技、军事等领域发生了根本性变化，综合国力显著增强。1978 年，我国国内生产总值为的 3645 亿元，到 2015 年，我国国内生产总值已达到 67.7 万亿元，经济总量位居世界第二，有 220 多种工业品产量居世界第一位。全国居民人均可支配收入实际增长 7.4%，成功实现从低收入国家向上中等收入国家的跨越。

科技领域实现重大突破，一些项目达到世界先进水平。2003年10月15日9时，“神舟五号”载人飞船搭载着首位航天员杨利伟，在酒泉卫星发射中心成功升空。16日6时23分，“神舟五号”返回舱降落在内蒙古中部，杨利伟自主出舱。这是我国尖端科技发展的一次里程碑式跨越，圆了中华民族千年的飞天梦想。2012年6月30日，“蛟龙号”载人潜水器完成7000米级海试，使我国具备了在全球99.8%的海洋深处开展科学研究、资源勘探的能力。2013年12月2日，“嫦娥三号”月球探测器首次在月球软着陆，开始月面巡视勘察。2015年10月，中国药学家屠呦呦凭借在寄生虫疾病治疗研究方面的成就，被授予诺贝尔生理学或医学奖。

1999 年 11 月 20 日，“神舟一号”飞船进入太空。2008 年 9 月 27 日下午 4 点 58 分，“神舟七号”航天员翟志刚经过 10 分钟的太空漫步后成功返回轨道舱，这标志着中国历史上第一次太空行走成功完成。2011 年 11 月 1 日，“神舟八号”飞船与“天宫一号”目标飞行器成功进行了空间交会对接，中国成为继俄罗斯、美国后第三个自主掌握空间交会对接技术的国家。2016 年 10 月 19 日 3 时 31 分，“神舟十一号”载人飞船与“天宫二号”空间实验室成功实现自动交会对接，首次实现了我国航天员中期在轨驻留。

改革开放后，为维护国家安全和社会稳定，保障社会主义现代化建设，适应世界军事发展新趋势，解放军实施了科技强军战略，形成直升机、装甲突击车辆、防空和压制武器等为骨干的路上作战装备体系。2012 年 9 月 25 日，中国首艘航空母舰“辽宁号”正式交接入列。2015 年 12 月 31 日，第二炮兵正式更名为“中国人民解放军火箭军”部队，火箭军形成了以中远程地地导弹为骨干的地地导弹装备体系。解放军逐步实现了由数量规模型向质量效能型的转变。

2008 年 8 月 8 日，第 29 届夏季奥林匹克运动会在北京举办。2010 年 5 月 1 日，第 41 届世界博览会在上海举办。这两项国际盛会在中国的举办，展示了中国的经济实力和社会建设水平，标志着我国综合国力不断增强和国际影响力的日益提高。

中国综合国力的不断增强，各个领域的进步和发展不断加速，你对此有什么看法和感想？

国际地位的提升

新时期，根据国际形势的发展变化和中国现代化建设需要，中国在坚持反对霸权主义和强权政治，维护世界和平的基本外交政策下，全方位发展与世界各国的友好关系，积极发挥在联合国和区域性国际组织中的作用，国际影响力不断提高。

1978 年 8 月 12 日，《中日和平友好条约》在北京签字。10 月 22 日，中国国务院副总理邓小平应日本政府的邀请访问日本，中日友好关系进入一个新的阶段。1978 年 12 月 16 日，中美两国政府分别在北京和华盛顿同时发表联合公报，决定自 1979 年 1 月 1 日起建立外交关系。在中美建交的同日，美国宣布同台湾当局断绝“外交关系”。1979 年 1 月 29 日至 2 月 5 日，邓小平副总理对美国进行正式访问。

作为联合国的创始会员国和安理会常任理事国，中国不遗余力地维护世界和平、制止战争、解决地区性冲突。1990 年 4 月，中国首次向联合国停战监督组织派出 5 名军事观察员。2005 年 6 月 7 日，中国政府发布《中国关于联合国改革问题的立场文件》，指出联合国的改革应有利于推动多边主义，提高联合国的权威和效率，以及应对新威胁和挑战的能力等观点。

中国在区域性国际组织活动中也发挥了重要作用。20 世纪 90 年代中期，中国、俄罗斯、哈萨克斯坦、吉尔吉斯斯坦、塔吉克斯坦五国元首在上海创立了“上海五国”新型安全合作机制。2001 年，五国和乌兹别克斯坦在此基础上成立上海合作组织。

作为最大的发展中国家，中国大力推动国际经济贸易合作。2013 年，“一带一路”倡议提出，它是“丝绸之路经济带”和“21 世纪海上丝绸之路”的简称。共商、共建、共享是“一带一路”倡议的核心理念。2014 年 11 月，亚洲太平洋经济合作组织峰会在北京举行。2016 年 9 月，二十国集团领导人峰会在杭州召开。中国不断地宣传和倡导互利共赢、包容发展的新理念，在国际事务中的话语权不断增强，正在尽最大努力推动世界经济的协调发展。

实现中国梦必须走中国道路。这就是中国特色社会主义道路。这条道路来之不易，它是在改革开放 30 多年的伟大实践中走出来的，是在中华人民共和国成立 60 多年的持续探索中走出来的，是在对近代以来 170 多年中华民族发展历程的深刻总结中走出来的，是在对中华民族 5000 多年悠久文明的传承中走出来的，具有深厚的历史渊源和广泛的现实基础。中华民族是具有非凡创造力的民族，我们创造了伟大的中华文明，我们也能够继续拓展和走好适合中国国情的发展道路。全国各族人民一定要增强对中国特色社会主义的道路自信、理论自信、制度自信，坚定不移沿着正确的中国道路奋勇前进。

——《习近平谈治国理政》第一卷，39 ～ 40 页，北京，外文出版社，2018。

进入 21 世纪的第二个十年，中国特色社会主义建设不断创新。接下来的路我们该怎样走？

后 记

《“一带一路”历史·社会·文化学习丛书（中级读本）》，几经修改，终于付梓。来自不同单位、从事不同科研和教学工作的几十位作者，为成此书，聚议一处。从拟定纲目，到撰写初稿，再经讨论修订，最后定稿，历经一年有余。

参加本书撰写的有如下同志（姓名按姓氏拼音首字母顺序排列）：

安　然　曹志敏　陈　昂　陈　涛　程艳丽　丁　雨
董立功　何思源　贾　浩　贾　珺　贾平平　江天岳
姜　燕　李　静　李　凯　李荣萍　李永梅　刘东明
刘林海　陆明娟　马慧英　马卫东　倪滕达　庞冠群
乔　楠　秦冬梅　曲柄睿　史少卿　孙玲玲　唐　艳
唐明亮　王　敏　王广坤　王志刚　温艳丽　翁俊田
武晓阳　邢秀清　徐　杰　许鸿梅　杨红丽　尹北直
于晓蕊　臧家富　湛晓白　张　楠　张瑞清　张秀芬
张逸红　张在虎　张昭军　郑　艳　郑小悠　周思成

在成书过程中，北京师范大学出版集团的相关领导始终给予了大力支持和帮助，本书的责任编辑为本书做了大量工作，在此表示感谢。

本书是为满足读者的需要而编写的，能否满足读者的需求，还需要经过实践检验。我们期待本书面世以后，读者提出宝贵意见，以便帮助我们后期的更正。

《“一带一路”历史·
社会·文化学习丛书
（中级读本）》编写组
2018 年 12 月 1 日